Andreas Willert

Leitfaden für kreative Software-
entwicklung

*Wie Sie ein Orchester dirigieren, wenn die Komposition
noch nicht abgeschlossen ist!*

I0014600

Andreas Willert,

Leitfaden für Kreative Softwareentwicklung

Wie Sie ein Orchester dirigieren, wenn die Komposition noch nicht abgeschlossen ist!

2. Auflage 01.2001

ISBN 3-8311-0594-4
© 2000 Andreas Willert

Umschlaggestaltung: Andreas Willert
Illustration: Andreas Willert

Druck: Books on Demand Gmbh
Printed in Germany

Inhaltsverzeichnis

Vorwort   7

STOP bevor sie weiter lesen!   8

Was können Sie von diesem Buch erwarten?   11

Warum haben wir grundsätzlich zu wenig Zeit für Veränderungen?   *12*

Basiskonzept für Veränderungen im Softwareprozess.   *13*

  Inhalte dieses Buchs und Vorgehensweise   *14*

Der ideale Zustand – warum Sie durch Wegschmeißen von Engineering Leistungen effizienter werden.   20

Wie dirigieren Sie ein Orchester, wenn die Komposition noch nicht fertig ist?   24

Die Zieldefinition   *25*

Teamarbeit bei der Spezifikation   *28*

Kommunikation zwischen Auftraggeber und Entwickler   *30*

  Was hat UML mit Kommunikation zu tun?   *30*

Komplexitäten richtig herausstellen als Voraussetzung für die frühe Erkennung von Verständnislücken.   *36*

Das Softwaredesign als wichtigste Voraussetzung für eine optimale Projektrealisierung   38

Statik alter Software und daraus resultierende Probleme   *41*

Was bewirkt ein gutes grundlegendes Design der Softwarestruktur?   *45*

  Ein gutes Design erleichtert die Entscheidung zwischen Änderung und Neuentwicklung   *46*

  Schnelle Realisierung der Software auf höchstem Qualitätsniveau   *46*

  Gute Erweiterbarkeit und Wartbarkeit sichert Investitionen durch lange Lebenszeit der Software   *48*

  Ein gutes Design ermöglicht die Aufteilung der Software als Voraussetzung für reibungslose Integration bei Teamarbeit   *50*

Was zeichnet ein geniales Software Design heute aus?   *50*

Wie kommen Sie zu einem genialen Software Design?   57

Was sind Superprogrammierer   *58*

Was unterscheidet Superprogrammierer von anderen Programmierern   *59*

Stress und deren Auswirkungen auf Kreativität und geistige Leistung   *60*

Brain Fitness und Entspannung als wichtigste Basis für Genialität und Kreativität
62

Wie codieren Sie nun Ihr geniales Design   67
Warum ein RTOS dabei so wichtig ist.   68

Software Qualität, Test und Debugging   70
Wie bringen Sie Effizienz in den Bereich Test und Debugging? 72
  Weniger Fehler durch gute Struktur der Software   74
  Weniger Fehler durch 'defense programming'   74
  Weniger Fehler durch Systematik beim dynamischen Test 78
  Weniger Fehler durch Code Reviews   80
Drei Sofortmaßnahmen, um die Qualität Ihrer Software um 20% zu erhöhen 82

Wie können Sie Veränderungen effizient einführen   83
Die wichtigste Grundregel für Veränderungen   84
Rituale   85
Das Prinzip der kleinen Schritte   86

Die 9 wichtigsten Schritte in eine neue Dimension der Softwareentwicklung   88

Anhang   92
Tipps und Hinweise, für weitere Informationen   92
  Einstieg in UML   92
  Einstieg in SDL   93
  Gehirn-Gerechtes Arbeiten und Kommunikation   93
  Gehirngerechte Entwürfe mit Mindmap   93
  VISIO   94
  Alle Zitate von Dieter Langenecker   94
Fachbegriffe für UML Deutsch und Englisch   95
Literaturhinweise: 98
Index   100

Vorwort

Es ist nicht einfach, als unbekannter Autor einen Verleger zu finden. Aus diesem Grund habe ich mich dazu entschlossen, diese erste Ausgabe selber zu verlegen und mit Hilfe der neuen Drucktechnik ‚printing on demand' drucken zu lassen.

Alles an diesem Buch ist in Eigenleistung entstanden. Es ist also ein 100% iges 'do it your self' Buch. Da ich kein Profi im Bücherschreiben, Illustrieren, Setzen usw. bin, bitte ich über einige Mängel hinwegzusehen. Mir kommt es in erster Linie darauf an, Wissen weiter zu geben.

In dieser ersten Ausgabe habe ich auch auf eine professionelle Rechtschreibkorrektur verzichtet. Das bedeutet, die Rechtschreibung ist weder nach neuer, noch nach alter Reform perfekt, und es fehlt die spezielle Anrede für die Frauen unter uns.

Ich möchte mich bei Andrea Schulte und Ann Krystyn Yuen bedanken für ihre Hilfe, möglichst viele Fehler zu finden und meinem Schreibstil etwas auf die Sprünge zu helfen.

Ebenso möchte ich mich bei meiner Frau Sigrun bedanken, die auf einige Abende mit mir verzichtet hat, an denen ich dieses Buch geschrieben habe.

Und bei Ihnen möchte ich mich bedanken, dass Sie sich für dieses Buch entschieden haben, und ich wünsche Ihnen viel Spaß beim Lesen. Für alle Anregungen, Erfahrungen und Hinweise auf Fehler bin ich Ihnen sehr dankbar.

Andreas Willert   awillert@willert.de

STOP bevor sie weiter lesen!

Wollen Sie besonders viel Informationen aus diesem Buch behalten? *Dann nehmen Sie sich fünf Minuten Zeit, und führen Sie folgende sehr einfache Übung durch, bevor Sie weiterlesen.*

Schreiben Sie in der folgenden Liste zu jedem der Begriffe drei Assoziationen auf (pro Assoziation nur ein Wort). Wenn Ihnen ein Begriff nichts sagt, dann bilden Sie, soweit möglich, eine abstrakte Assoziation, oder schreiben Sie einfach Gedanken auf, die bei Ihnen auftauchen, wenn Sie den Begriff vor sich hin sagen.

Was bewirkt diese Übung?

Sie werden in diesem Buch dem ein oder anderen, für Sie Neuen, begegnen. Sie können Ihre Aufnahmefähigkeit stark vergrößern, wenn Sie sich vorher ein 'Netzwerk' in Ihrem Gehirn anlegen zu Themen, denen Sie in diesem Buch begegnen. Für Ihr Gehirn ist es dann leichter, die neuen Dinge in diesem Netzwerk zu verankern (sich zu merken), während Sie in diesem Buch lesen.

Dieses ist eine hervorragende Möglichkeit, die Merkfähigkeit zu erhöhen. Ich habe diese Idee, wie noch Vieles in diesem Buch, von Vera F. Birkenbihl. (Siehe Literatur im Anhang)

Begriff	Ihre Assoziationen
Alpha Zustand	
Unified Modelling Language UML	
Specification Description Language SDL	
Energie Modell	
Stress	
Kommunikation	
Kunden	
Superprogrammierer	
Mikro Schritte	
Komplexität	
Statische Analyse	
Ziel	
Kreativität	
Regression Test	
Denkblockaden	
Analyse	
Chronos	

Was können Sie von diesem Buch erwarten?

Wie komme ich dazu, ein Buch zu schreiben? Noch vor zwei Jahren hätte ich selber nicht daran geglaubt, aber vor einigen Monaten hat sich folgendes ereignet.

Ich berate seit 1992 unsere Kunden, wie sie ihre Softwareentwicklung verbessern können, welche Methoden und Tools dafür geeignet sind. Ohne Zweifel sind dabei hervorragende Konzepte zusammen mit den Kunden ausgearbeitet worden, aber es gibt einen Punkt, der mich immer mehr gestört hat. Viel zu wenig dieser Konzepte sind wirklich umgesetzt worden.

In viel zu vielen Fällen sind mit viel Energie und Motivation erfolgversprechende Konzepte erstellt worden, häufig wurden dann auch die notwendigen Tools angeschafft, aber die Umsetzung der Methoden und der Einsatz der, ich nenne sie 'nice-to-have-Tools', in dem geplanten Umfang ist jedoch selten der Fall gewesen. Viel Zeit und Kapital liegen brach herum. Viele unserer Kunden sehen sich immer kürzer werdenden Produktzyklen, bei gleichzeitig steigendem Entwicklungsaufwand ausgesetzt, der nicht durch Erhöhung der Manpower ausgeglichen werden kann. Die Einführung von Methoden und Tools die helfen, diesen Zustand zu verbessern, werden dann von Projekt zu Projekt aufgeschoben, und die Schere klafft immer weiter auseinander.
Ein Großteil der benötigten Energie für das neue Projekt wird immer wieder von Altlasten geraubt und im Alltagsstress können die Prioritäten nicht richtig gesetzt werden.

Vor einigen Monaten habe ich von der Frau Vera F. Bir-kenbihl (für mich persönlich) den Birkenbihl Brief abon-niert. Und dort bin ich auf ein Modell gestoßen, das mir sofort die Lösung des Rätsels gegeben hat.

Mit dieser Erkenntnis habe ich alle Seminare sofort um-gearbeitet und erziele seitdem durchschlagende Erfolge, und diese neu entwickelte Methode möchte ich allen Projektleitern und Entwicklern zur Verfügung stellen. Das ist der Grund für dieses Buch. Diese neue Methode wird von mir seit Februar 2000 bei allen Beratungen und Seminaren eingesetzt, und ist bereits mehrfach verbes-sert und überarbeitet. Sie ist absolut praxisbewährt. Was hat es nun auf sich mit diesem Modell.

Warum haben wir grundsätzlich zu we-nig Zeit für Veränderungen?

Sicherlich kennen Sie folgende Situation. Sie haben ein Problem, Ihnen ist klar, woran es liegt, Sie nehmen sich vor, etwas zu ändern und dabei bleibt es dann auch. Wie viele Bücher haben Sie gekauft und nicht gelesen, wie viele Tools sind angeschafft und nicht eingesetzt wor-den, wie viele Änderungen in Ihrem Leben haben Sie sich vorgenommen und nicht durchgeführt?

Stellen Sie sich vor, Sie haben ein bestimmtes Maß an Energie zur Verfügung. Wie setzen Sie diese Energie ein?

Basiskonzept für Veränderungen im Softwareprozess.

Frustration

Sind Sie frustriert? Ausgezeichnet! Die Frustration wird Ihnen die Energie geben, Ihr Leben zu verbessern. Errungenschaften kommen von Menschen, die frustriert sind, nicht von denen, die selbstzufrieden sind.

Viele Menschen müssen zuerst in einem Tief sein, bevor Sie genug Energie und Motivation haben, ihr Leben zu ändern. Je unzufriedener Sie sind, umso mehr Energie haben Sie, um die Dinge besser zu machen.

Frustration ist Ihre Methode um Ihnen zu sagen, dass sich etwas verändern muss. Verwenden Sie diese Energie um sich aufzubauen. Handeln Sie. Verändern Sie sie in einen positiven Einfluss. Machen Sie etwas.

Sie sind frustriert, weil Sie wissen, dass die Dinge besser sein könnten. Und Sie sind bereit, sie besser zu machen. Das ist ein Signal zu handeln. Fühlen Sie Ihre Frustration und dann arbeiten Sie daran.

Dieter Langenecker

Unsere Seminare sind alle an dem folgenden Basiskonzept ausgerichtet. Vera F. Birkenbihl hat ein Energie Modell (siehe Seite 15) entwickelt, das sehr gut veranschaulicht, welches die Voraussetzungen für Veränderungen sind. Nach diesem Modell hat jeder Mensch ein bestimmtes Maß an Energie zur Verfügung. Diese Energie wird in verschiedenen Bereichen eingesetzt, aber leider kommen dabei einige Bereiche zu kurz.

Inhalte dieses Buchs und Vorgehensweise

Wie meine Seminare, so sind auch die Inhalte dieses Buches auf dieses Energie Modell abgestimmt. Ein wesentlicher Teil richtet sich an den Bereich C. Wenn Sie es schaffen, im Bereich C Energien freizusetzen, steht Ihnen mehr Energie für die Bereiche D und E zur Verfügung.

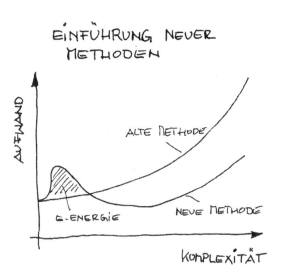

Das ist die Voraussetzung für die Umsetzung neuer Techniken und Methoden. Natürlich ist das auch mit großem Erfolg in den Bereichen A und B möglich (ich habe es selber an mir erlebt) aber diese Bereiche betreffen mehr das Privatleben, und dieses Buch richtet sich überwiegend an die Bereiche im Berufsleben.

Energie	Beschreibung
A	**Autonome Prozesse:** *Diese Energie benötigt Ihr Körper, damit er gesund und vital ist. Sind Sie zum Beispiel krank, dann benötigt Ihr Körper mehr A Energie, und allen anderen Bereichen steht entsprechend weniger Energie zur Verfügung. Ist Ihr Körper fit und vital, wird in diesem Bereich entsprechend weniger Energie benötigt.*
B	**Ich bin:** *Dieser Energiebereich steht für die eigene Psyche. Wenn Sie Selbstzweifel haben oder andere psychische Probleme, wird in diesem Bereich entsprechend mehr Energie benötigt.*
C	**Chronos / Chairos:** *Dieser Energiebereich steht für das Gefühl, unter Zeitdruck zu stehen, was oft durch zu viel Stress entsteht. Sicher kennen Sie die Situation, dass Sie sich mehrere wichtige Tätigkeiten vorgenommen haben und auf einmal auf die Uhr schauen, es ist schon wieder kurz vor Feierabend, der ganze Tag ist verflogen und sie haben keine Ihrer wichtigen Tätigkeiten zu Ende gebracht. Dann haben Sie viel Energie im Bereich C eingesetzt.*
D	**Durchführung:** *Dieser Energiebereich steht für die Durchführung von Aufgaben. Wenn Sie an Ihren geplanten wichtigen Aufgaben arbeiten, dann sind Sie im Bereich der D-Energie. In diesem Bereich bewegen Sie Dinge, und hieraus entsteht der konkrete Erfolg.*
E	**Entwicklung, Erforschung, Erneuerung:** *Dieser Bereich kommt leider immer zu kurz. In diesem Bereich werden Veränderungen durchgeführt. Haben Sie Ihr Energiepotential vorher erschöpft, bleibt nicht mehr genug Energie z.B. für die Einführung eines neuen CASE Tools oder einer neuen Methode übrig. Das ist der Grund, warum wichtige Veränderungen oft gar nicht, oder nur sehr schleppend durchgeführt werden.*

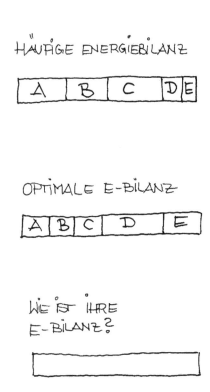

HÄUFIGE ENERGIEBILANZ

A	B	C	D	E

OPTIMALE E-BILANZ

A	B	C	D	E

WIE IST IHRE
E-BILANZ?

Es werden Verhaltensweisen und Methoden erläutert, wie der Tagesablauf gestaltet werden kann, so dass Energie für die Bereiche D und E frei wird. Es geht NICHT um Zeitplanung, sondern um die Voraussetzungen, die Zeit überhaupt planen zu können, z. B. Stressvermeidung, Arbeitsplatzgestaltung, störungsfreie Zeiten ..... Die Wichtigkeit gehirngerechten Arbeitens und der Einfluss der Arbeitsbedingungen auf die Effizienz ist von Tom DeMarco und Timothy Lister bereits vor einige Jahren entdeckt worden und hervorragend in ihrem Buch 'Wien wartet auf Dich! Der Faktor Mensch im DV-Management' und in dem Buch von Tom DeMarco 'Der Termin – Ein Roman über Projektmanagement' erläutert worden. Ich werde die wichtigsten Erkenntnisse von Tom De Marco aufgreifen und sie mit neusten Erkenntnissen aus der Stress Forschung und der Forschung über gehirngerechtes Denken und Arbeiten ergänzen.

Erst wenn hier Erfolge erzielt werden ist es möglich, die Bereiche D und E anzugehen, indem neue Methoden und Tools für die Qualitätssicherung oder Effizienzsteigerung in der Softwareentwicklung erarbeitet und dann auch erfolgreich umgesetzt werden.

Des Lebens Energie ist was Sie daraus machen

Jeder, der Grundkenntnisse des Segelns hat, kann ein Boot zum gewünschten Ziel bringen, egal woher der Wind bläst. Die Fähigkeit, die Segeln richtig zu setzen, und die Windstärke sind von viel grösserer Bedeutung als die Windrichtung.

Erfolgreiche und zufriedene Menschen wissen, wie Sie alle Winde des Lebens ausnützen können – sowohl die Rückenwinde ebenso wie die Gegenwinde und sich in Richtung der Ziele bewegen. Angst gibt uns dabei ein erhöhtes Mass an Aufmerksamkeit, um schwierige Situationen zu meistern. Herausforderungen geben uns hervorragende Gelegenheiten zu lernen und zu wachsen. Rückschläge und Hindernisse stärken unsere Ausdauer und Hartnäckigkeit.

Vorausgesetzt immer, wir wollen es so.

Sie können den Wind nicht kontrollieren, aber Sie können Ihre Segel kontrollieren. Und Sie können nicht kontrollieren, was Ihnen das Leben auferlegt, aber Sie können kontrollieren, wie Sie damit umgehen. Angst, Rückschläge, Hindernisse und Herausforderungen können Sie leicht vom Kurs abbringen – oder sie können die Energie liefern, die Sie vorantreibt. Es hängt nur von Ihnen ab.

Dieter Langenecker

In allen Seminaren lege ich großen Wert darauf, dass die Konzepte in erster Linie von den Teilnehmern selber erarbeitet werden. Und so wird auch dieses Buch keine fertigen Konzepte liefern. Das ist nicht möglich, da jedes Projekt und jede Abteilung andere Anforderungen hat.

Viel zu viel auf der Welt wird unnötig komplex gemacht. Besser ist KIS -> keep it simple

Ich liebe KIS (Keep It Simple), und so werden Sie hoch komplexe Theorien in diesem Buch vergeblich suchen. Ich beziehe mich auf nur einige einfache Regeln in der Softwareentwicklung. Diese Regeln beziehen sich auf die Basis des Software Engineerings. Ich erlebe immer wieder, dass einige dieser Regeln nicht beachtet werden, obwohl sie den Entwicklern unterschwellig bewusst sind. Hier liegt großes Potential für Effizienzsteigerungen.

Mit Hilfe dieser Regeln ist jeder Entwickler in der Lage, seine Arbeitsweise selber zu optimieren. Zusammen mit den wichtigsten Grundkenntnissen wird dafür nur noch ein wenig Menschenverstand benötigt. Sie werden sehen, der eine oder andere Punkt wird Sie überzeugen. Die Dinge sind oft viel einfacher als erwartet.

Verstehen Sie dieses Buch als einen Supermarkt mit Erfahrungen und Konzepten zur Embedded Softwareentwicklung. Wenn Sie in einem Supermarkt einkaufen, räumen Sie ja auch nicht alle Regale leer. Genau so ist auch nicht alles in diesem Buch ideal für Ihren Softwareprozess geeignet. Suchen Sie sich die Elemente zusammen, die für Ihren Software Prozess geeignet sind, kombinieren Sie sie mit eigenen Erfahrungen und Ihrem Wissen, und erstellen Sie daraus Ihr eigenes Konzept.

Anhand Ihres neuen Konzeptes können Sie dann einen Maßnahmenkatalog erstellen. Zum Abschluß gebe ich in diesem Buch noch wichtige Hinweise, wie Sie die wich-

tigsten Maßnahmen am erfolgreichsten im Alltag umsetzen können.

So und nun geht es los, ich wünsche Ihnen viel Spaß.

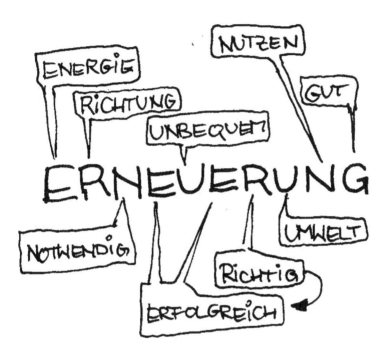

KaWa© Erneuerung

Der ideale Zustand - warum Sie durch Wegschmeißen von Engineering Leistungen effizienter werden.

Der Schmerz des Nicht-Handelns

Die zwei stärksten Motivatoren im Leben sind der Wunsch, Schmerz zu vermeiden und Freude zu verspüren. Von diesen zwei ist der Wunsch, Schmerz zu vermeiden üblicherweise der stärkere. Normalerweise werden wir mehr unternehmen, um Schmerz zu vermeiden als Freude zu erlangen.

Gibt es etwas, das Sie schon immer machen wollten, aber auch immer vor sich herschieben? Höchstwahrscheinlich liegt der Grund für das Vor- Ihnen - Herschieben darin, dass Sie mit dieser Sache irgendein unangenehmes, ein Schmerz - Gefühl assoziieren. Auch wenn Sie durch die Handlung letztendlich viel mehr Freude haben könnten, ist Ihr Wunsch, jetzt Schmerz zu vermeiden größer als Ihr Wunsch nach Freude. Es hält Sie davon ab zu tun, was getan werden sollte.

Was können Sie also dagegen machen? Anstatt sich auf den Schmerz des Tuns zu konzentrieren, konzentrieren Sie sich auf den Schmerz des Nicht - Tuns. Es ist schwer und schmerzhaft zu Rauchen aufzuhören, ein Fitness Programm anzufangen, Kunden anzurufen, etwas Neues zu erlernen, oder irgendetwas zu machen, das Ihr Leben verbessern wird. Aber es ist noch schmerzhafter diese Dinge nicht zu tun. Konzentrieren Sie sich auf den grösseren, langfristigen Schmerz, und er wird Sie motivieren zu handeln.

Der Wunsch, Schmerz zu vermeiden, hat eine gewaltigen Einfluss auf Ihr Leben. Lernen Sie ihn zu kontrollieren anstatt sich von ihm kontrollieren zu lassen. Halten Sie sich vor Augen, dass der größte Schmerz der des Bedauerns ist, etwas nicht getan zu haben.

Dieter Langenecker

Wenn Sie wieder einmal froh sind, ein neues Projekt mit dem Luxus beginnen zu können, die Software-Altlasten wegzuschmeißen, sollten Sie sich bewußt sein, dass teuer bezahlte Software- Engineering- Leistung weggeschmissen wird. Natürlich, in dieser Situation, mit unbeherrschbarer alter Software ist dieses Vorgehen das Gescheiteste, was Sie tun können. Aber werden Sie klug durch die Fehler der vergangenen Entwicklungsperioden. Geben Sie der neuen Software die beste Struktur, die nach heutigen Kenntnissen möglich ist, um die Voraussetzung für eine größtmögliche Lebensdauer zu schaffen. Diese Gelegenheit haben Sie nur einmal in jedem Projekt: Bei der Grundsteinlegung einer neuen Software.

Dabei ergeben sich gleich noch einige wertvolle Nebeneffekte: Erweiterbarkeit, Änderbarkeit, Wartbarkeit und natürlich auch die Qualität der Software erhöhen sich gleich mit. Das sichert Effizienz in der Softwareentwicklung für die nächsten Jahre.

Ziel ist es, die Softwarelebenszeit so lang wie möglich zu machen. Dabei muß aber grundsätzlich die mit der Lebenszeit schlechter werdende Struktur der Software im Auge behalten werden. Irgendwann kommt der Punkt, an dem der Aufwand für Änderungen in keinem Verhältnis mehr zum Nutzen einer Neuprogrammierung steht. Dann heißt es wieder einmal Abschied nehmen vom Alten, inzwischen nicht mehr Bewährten.

Die vier wichtigsten Aspekte moderner Softwareentwicklung für die nun anstehende Neuentwicklung werden in diesem Buch angesprochen und näher erläutert.

1. Faktor Stress
2. Faktor Kommunikation
3. Faktor Methode
4. Faktor Tools

Motivation: Bevor wir nachdenken wie Mitarbeiter motiviert werden, sollten wir nachdenken wie wir aufhören sie zu demotivieren.

Vielleicht vermissen Sie jetzt den Faktor Motivation. Ich habe ihn bewußt weggelassen, dabei gehe ich davon aus, dass alle Mitarbeiter von sich aus grundsätzlich höchst motiviert sind. Haben Sie jemals in Ihrem Leben eine neue Stelle angetreten und waren nicht hoch motiviert? Denken Sie, anderen geht es anders? Wie hoch die Motivation zum jeweiligen Zeitpunkt ist, hängt vom Arbeitsumfeld ab und ist stark situationsgebunden. Erst die Ent-Täuschungen sorgen dann nach und nach dafür, das die Motivation immer weiter nachlässt. Je dichter die tatsächlichen Aufgaben bei den Erwartungen liegen und desto weniger Täuschungen vorhanden sind, desto weniger Ent-Täuschungen wird es geben. Wenn aber ständig aneinander vorbei kommuniziert wird, gibt es viele Täuschungen und dann leider auch viele Ent-Täuschungen. Mitarbeiter können nicht wirklich motiviert werden. Entweder sie sind motiviert oder nicht. Was andererseits sehr wohl geht, ist Motivation zu zerstören, und das wird leider viel zu häufig getan. Gute Führung bedeutet, dass Potential in anderen zu wecken, so dass er (sie) es voll entfalten kann. Damit sind optimale Voraussetzungen für gute Resultate geschaffen und diese werden mit Sicherheit erreicht. Das wiederum gibt Selbstbestätigung *und das erhöht die Motivation. Ich bin sicher, das größte Problem liegt in der Zerstörung von Motivation.*

Mehr zum Thema Arbeitsbedingungen und Motivation können Sie von Tom De Marco erfahren, in dem Buch „Wien wartet auf Dich".

Wie dirigieren Sie ein Orchester, wenn die Komposition noch nicht fertig ist?

Die Reise

Sie kommen am Check-in Schalter am Flughafen an, Taschen und Koffer gepackt, reisebereit. Sie ziehen ein Bündel Geldscheine aus der Tasche und sagen zu der Dame hinter dem Schalter: „Ich hätte gerne ein Ticket, bitte".

„Sicher", sagt sie, „ wo soll es hingehen?":

„An einen schönen Ort. Wo ich gute Arbeit finde, viel Geld verdienen kann, tolle Autos fahren kann, ein grosses Haus besitze und viele Freunde habe", antworten Sie.

„Und wo genau soll das sein?", fragt die Schalterdame.

„Das weiss ich noch nicht genau", antworten Sie," aber sobald ich einmal unterwegs bin, werde ich das schon herausfinden".

„Tut mir leid", sagt die Dame, „ Sie haben offensichtlich genügend Geld für ein Ticket egal wohin. Aber um Ihnen ein Ticket ausstellen zu können, muss ich genau wissen, wohin Sie wollen. Wenn Sie das nicht wissen, muss ich Sie ersuchen, den Schalter freizumachen. Der Nächste, bitte!"

Der nächste Reisende hinter Ihnen kommt zum Schalter nach vorne. „Ich möchte ein Ticket nach Paris" posaunt er hinaus.„Sicher", sagt die Dame, „und wie wollen Sie zahlen, bar oder mit Karte?".„Ich weiss noch nicht genau", antwortet er, „aber wenn ich einmal unterwegs bin, werde ich schon einen Weg finden". „Tut mir Leid", sagt die Dame, „ aber ich kann Ihnen ohne Bezahlung kein Ticket ausstellen. Der Nächste, bitte!"

Eine erfolgreiche Reise hat zwei wesentliche Erfordernisse: ein klares Ziel und die Mittel, dorthin zu gelangen. Ihre Ziele und Träume sind Ihre Reisedestinationen. Ihre Disziplin und Bemühungen die Transportmittel. Ohne dem Einen ist das Andere verschwendet. Mit Beiden können Sie reisen, wohin auch immer Sie wollen.

Dieter Langenecker

Sie und ich wissen es genau. Fehler in den frühen Projektphasen verursachen je mehr Aufwand, desto später sie entdeckt werden. Da gibt es diese 20/80 Regel, die besagt: '20% Fehlplanung bewirken 80% Mehraufwand bei der Realisierung'.

Aber wie können Sie am Anfang eines neuen Projektes planen, wenn Sie von den Produktverantwortlichen noch keine genaue Produktspezifikation oder noch keine genauen Anforderungen bekommen haben? Sind sie auch der Meinung, dass die Change-Request Rate in Ihrer Firma viel zu hoch ist? Sie werden mit mir übereinstimmen, eine der wesentlichen Vorraussetzungen für eine schnelle Realisierung ist eine genaue Spezifikation und eine geringe Change- Request Raten während der Realisierung.

Nun sagen mir viele Entwickler, was sollen wir tun? Wenn wir keine bessere Spezifikation bekommen? Die Frage ist also, wie schaffen Sie ideale Voraussetzungen zur Softwareentwicklung?

Es ist ganz einfach, auch wenn das eigentlich nicht die Aufgabe der Entwicklung ist, kümmern SIE sich um die Spezifikation. Ich garantiere Ihnen, es zahlt sich aus. Eine schlechte Spezifikation und allgemeines Unverständnis der eigentlich gewünschten Produkteigenschaften ist der denkbar ungünstigste Start für ein Projekt. Es ist, als hätten Sie Ihr Ziel noch nicht festgelegt.

Die Zieldefinition

Stellen Sie sich vor, Sie haben ein neues Navigationssystem in Ihrem Auto. Wenn Sie dem Navigationssystem nicht mitteilen, wohin Sie wollen, kann

Änderungen bewirken: 20% Aufwand in frühen Phasen, 80% Aufwand in späten Phasen.

es Ihnen auch keine Routenplanung machen und Sie navigieren. Also, das idealste Entwicklungsteam hilft nichts, wenn es nicht exakt weis, was entwickelt werden soll.

Wenn Sie Ihr Ziel nur ungenau kennen und Ihrem Navigationssystem dauernd Zieländerungen einprogrammieren, wird es Sie auch viele Umwege fahren lassen. Nun stellen Sie sich vor, Sie müssen sich den Weg auch noch einprägen weil Sie ihn ohne Navigationsgerät wieder zurückfahren müssen. Das ist natürlich entsprechend schwerer, wenn immer wieder Umwege oder Umleitungen gefahren wurden. Genau so verhält es sich mit der Softwareentwicklung. Wenn das Produkt weiter entwickelt und gewartet wird, leidet die Verstehbarkeit stark unter den einprogrammierten Umleitungen. Je klarer also Ihre Zielvorstellung ist, desto klarer wird auch das Design und desto effizienter können Sie die Software entwickeln und warten.

ENTWICKLER   ANWENDER

Nun sehe ich sehr häufig Pflichtenhefte in Form von geschriebenem Text, im Idealfall sind auch noch einige Abbildungen enthalten. Es gibt eine wichtige Voraussetzung für die Spezifikation: Sie muss in einer Form erstellt werden, die von allen Mitwirkenden verstanden wird und eine komplette Übersicht gewährt. Nur dann können Schwachstellen aufgedeckt werden.

Einzelne Anforderungen als Text geschrieben, zeigen nicht die Abhängigkeiten auf, und gerade da liegen oft die Verständnisprobleme. Auf diese Abhängigkeiten kommt es häufig an. Oft werden Probleme erst erkannt, wenn verschiedene Anforderungen mit den Abhängigkeiten zusammen dargestellt werden. Das ist mit reinem Text nur bei sehr kleinen Systemen möglich.

Grundsätzlich gibt es zwei wesentliche Anforderungen an die Analyse und die daraus entstehende Spezifikation.

1. Gute Kommunikation zwischen Kunden, Vertrieb, Marketing, Entwicklung und allen, die noch an der Spezifikation mitwirken sollten.

2. Bereits bei der Analyse sollte die komplette Applikation verstanden werden. Ist das nicht der Fall, sind die Probleme bei der Implementierung vorprogrammiert.

Wie erreichen Sie nun diese beiden Voraussetzungen?

Die Antwort ist ganz einfach. Wenn Sie die Kommunikation zu Ihren Kunden und zu Ihrem Vertrieb verbessern möchten, sollten alle die gleiche Sprache beherrschen, ich meine natürlich die gleiche Beschreibungssprache. Nun können Sie nicht von Ihren Kunden erwarten, dass sie C lernen, aber auf einem höheren Abstraktionsgrad kann man sich treffen. Zum Beispiel auf UML oder SDL. Übrigens mit einer der Hauptvorteile von UML oder SDL; sie erhöhen die Kommunikation unter den Teammitwirkenden.

Die einzelnen Komponenten und deren Abhängigkeiten können sehr leicht mit Hilfe von Klassendiagrammen zusammen mit Ihren Vertriebsmitarbeitern erstellt und besprochen werden. Einzelne Abläufe können mit Sequenz- oder Zustandsdiagrammen (state-chart diagram) dargestellt werden. Damit ist sichergestellt, dass alle

UML:
Unified Modelling Language.
Vereinheitlichung verschiedener Modellierungssprachen zu einem Standard.

SDL:
Structured Specification Language Genormte Beschreibungs sprache basierend auf finite state mashin durch Messages erweitert.

27

wirklich das Gleiche meinen und es wird sichergestellt, dass die Anforderungen an die Applikation auch wirklich verstanden werden.

Wenn Sie eine Sprache benutzen, die alle verstehen, können Sie die Funktionalität sehr einfach mit Vertrieb, Anwendern, Produktmanagement oder wer auch immer noch Anforderungen oder Änderungswünsche hervorbringen kann besprechen, ohne dass bereits viel Arbeit in die Realisierung geflossen ist.

Teamarbeit bei der Spezifikation

Wundern Sie sich, warum ich gerade an dieser Stelle über Teamarbeit spreche? Vielen Entwicklern ist es nicht bewusst, wie wichtig es ist, in dieser Phase des Projektes Personen, die über Eigenschaften der Applikation mitentscheiden oder Erfahrungen beim Einsatz der Applikation haben, in das Team zu integrieren. Das können sein: mögliche Kunden, der Vertrieb, Produkt Marketing ...

Ganz im Gegenteil erlebe ich leider häufig, dass verschiedene Abteilungen eher gegeneinander als miteinander arbeiten.

Was entscheidet über die Effizienz eines Teams? Sicherlich kennen Sie die Formel für die Umrechnung von Manpower in Leistung. 1 + 1 =

1.5 Was hier ironisch mathematisch falsch steht soll ausdrücken, dass es Reibungsverluste in Teams gibt.

Ich möchte diese Formel mathematisch berichtigen.
$(1 + 1) * x * y = 2{,}5.$
X steht für Kommunikation und Y für Teamqualität.

Wenn die Kommunikation und die Teamqualität hervorragend ist, kann das Resultat auch größer eins werden (Multiplikatoren). Das ist heute bekannt. Unter idealen Bedingungen leistet ein Team mehr als die Summe der Einzelpersonen je leisten könnten.

Das gilt auch für die Spezifikation. Betrachten sie die Spezifikation als das Resultat einer Teamarbeit. Wenn es Ihnen nicht gut genug ist, jammern Sie nicht, sondern fragen Sie sich, wie es um die Teamarbeit der beteiligten Personen steht. Schließlich geht es um die Voraussetzungen für die Arbeit, an der SIE bewertet werden, die eigentliche Softwareentwicklung.

ENTWICKLER   ANWENDER

Kommunikation zwischen Auftraggeber und Entwickler

Damit Techniker und Nichttechniker gut miteinander kommunizieren können, sind in den letzten Jahren sehr interessante Sprachen (Standards) entstanden. Und genau hier liegt einer der Hauptvorteile, den CASE Tools und Methoden bieten. Gleichzeitig ist es einer der unterschätztesten Vorteile. Sie veranschaulichen komplexe Systeme, und sie unterstützen die Kommunikation zwischen Entwicklung und Produktspezifikation, und natürlich auch zwischen den einzelnen Entwicklern.

Was hat UML mit Kommunikation zu tun?

An zwei UML Diagramm Formen möchte ich einfach zeigen, wie sie zur Spezifikation eingesetzt werden und dadurch Kommunikation verbessert.

Nicht Codegenerierung ist der Hauptvorteil von CASE Tools, sondern Verbesserung von Verstehbarkeit und Kommunikation!

Wenn Sie die zukünftigen Anwender bereits in der Frühphase des Systementwurfs mit einbeziehen und die Anwendungsfälle mit ihnen zusammen durchsprechen, lassen sich späte Änderungen wesentlich reduzieren. Dazu dienen zum Beispiel die Use Case Diagramme in UML.

Die UML Use Case Diagramme sind speziell dazu gedacht, Anwendungsfälle für die geplante Applikation zu definieren. Dabei gibt es verschiedene Bediener, z.B. den eigentlichen Endanwender und den Service. Nun werden alle nur denkbaren Anwendungsfälle aufgeschrieben, analysiert und ev. schon verfeinert. Dabei können Abhängigkeiten angegeben werden und die Anwendungsfälle in einzelne Schritte aufgeteilt werden.

Die Analyse der Anwendungsfälle wird mit allen betroffenen Anwenderklassen durchgesprochen und diskutiert. Das einzige Ziel ist es, Klarheit über die Funktionalität der geplanten Applikation zu bekommen.

Eine häufige Erfahrung von meinen Kunden, die Use Case Diagramme zum ersten Mal angewendet haben, ist folgende. Zuerst erschienen ihnen die gezeichneten Diagramme sehr banal und es erschien Ihnen als nicht notwendig, diese durchzusprechen. Als sie dann doch mit einige Anwendern durchgesprochen wurden, stellten sich tatsächlich noch weitere Anforderungen und Unstimmigkeiten heraus, die den Entwicklern vorher nicht bewußt waren. Die Diagramme wurden entsprechend angepasst und erweitert, und noch einmal mit Anwendern durchgesprochen und wieder sind Unstimmigkeiten aufgetaucht. Und jetzt erst wurde die wirkliche Komplexität in einigen Details erkannt, die vorher nicht bewußt war.

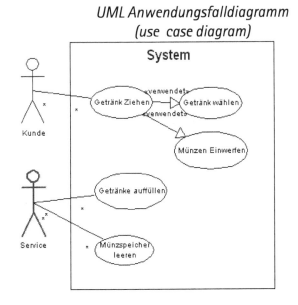

UML Anwendungsfalldiagramm
(use case diagram)

31

UML Klassendiagramm (class diagram)

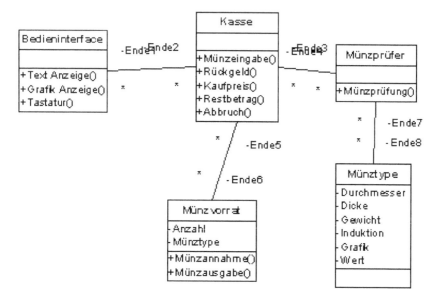

Es gibt noch einen weiteren Diagramm Type, sogenannte Klassen- und Objektdiagramme, der die Kommunikation verbessert. Hier wird der Sprachsyntax (Wortschatz) für die einzelnen Komponenten (Klassen oder Objekte) der Applikation abgeglichen und festgelegt.

Dabei wird ein Name für eine Komponente vergeben, und alle Attribute und Funktionen dieser Komponente angegeben.

Auch hier erlebe ich immer wieder heiße Diskussionen in den Teams, bei denen es zuerst so aussieht, als handle es sich um reine Wortklauberei, aber später zeigt es sich, dass einfach die Vorstellungen über die einzelnen Komponenten bei den einzelnen Entwicklern sehr unterschiedlich sind. An dieser Stelle wird dann erst klar, was jeder Einzelne wirklich für eine Vorstellung hat und wo die Grenzen der Komponenten sind.

'Übergibt der Münzprüfer nun den Type der Münze oder den Wert, oder beides?'

Dieser Schritt der Aufteilung der Applikation in eindeutige Komponenten ist elementar. Aus dieser Aufteilung werden später die Schnittstellen der Komponenten abgeleitet. Diese können nur eindeutig und sauber sein, wenn die einzelnen Komponenten mit allen Attributen und Funktionen konkret beschrieben sind. Auf die elementare Wichtigkeit der Schnittstellen komme ich noch im Kapitel über das Design zu sprechen.

Wichtig!
Die Abstimmung der Grenzen der Komponenten, als Voraussetzung für die Gestaltung der Schnittstellen im späteren Design.

Wenn Sie keine genauen Spezifikationen bekommen, dann liegt das oft auch daran, dass keine Sprache benutzt wird, die für exakte Systembeschreibungen geeignet ist. Warten Sie nicht länger,

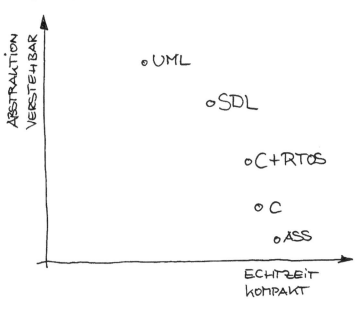

machen Sie den ersten Schritt, und erstellen Sie den Prototypen Ihrer Software in sehr viel kürzerer Zeit auf dem

Papier, und sprechen Sie darüber. Hier lassen sich Änderungen noch auf Systemebene schnell und effizient durchführen. Sie behalten den Überblick und haben sich noch nicht in Detaillösungen festgebissen. Erst wenn das System dort zufriedenstellend aussieht, dann gehen Sie an die wirkliche Realisierung.

Brain Pause (7 Minuten)

So, jetzt haben Sie bereits eine ganze Weile konzentriert gelesen und sich eine Pause verdient. Aber nicht nur das, eine kurze Entspannung mit anschließender körperlicher Bewegung bringt wieder neue Energie für Ihr Gehirn und die Aufnahmefähigkeit bleibt auf Top Level.

Entspannung

Setzen Sie sich an Ihren Schreibtisch. Schließen Sie die Augen, stützen Sie Ihre Ellenbogen auf und halten Sie Ihre Stirn, und zwar oberhalb der Augen, in der Mitte zwischen Augenbrauen und Haaransatz. Atmen Sie ruhig und gleichmäßig (Bewußt tiiiief Ausatmen), und stellen Sie sich vor, wie Sie zum Beispiel im warmen Sand am Meer liegen. Sie spüren die Sandkörner durch Ihre Hände gleiten, das Rauschen des Meeres und die warme Sonnenstrahlen auf Ihrer Haut. Ihre Gedanken ziehen vorbei wie weiße Wolken und lösen sich auf durch die Energie der Sonne. Öffnen Sie nach einigen Minuten die Augen und strecken Sie sich wie nach einem erholsamen Schlaf und gehen Sie über zu der folgenden Übung. (Ursula Oppolzer)

Brain-Moving

Stellen Sie sich hin. Schwingen Sie zunächst einige Male den linken Arm und das linke Bein so weit wie möglich vor und zurück. Strecken Sie dann den linken Arm zur Decke und versuchen Sie, auf Zehenspitzen einen vermeintlich schweren Magneten von der Decke abzuziehen und ihn anschließend auf den Boden zu legen.

Wenn Sie die linke Körperhälfte bewegen, regen Sie die rechte Gehirnhälfte an, da deren Nervenbahnen wie auch die der linken Hälfte in die gegenüberliegende Körperseite führen. Linksbewegungen stärken Ihre Vorstellungskraft. (Ursula Oppolzer)

Mit neuem Schwung und wieder voll aufnahmefähig können Sie nun weiter lesen.

Komplexitäten richtig herausstellen als Voraussetzung für die frühe Erkennung von Verständnislücken.

Sie können es

Wenn es wirklich hart auf hart geht, und Sie glauben, es nicht mehr schaffen zu können, denken Sie daran – Sie können es aushalten, Sie können es schaffen, Sie können es machen.

Und es erfordert nur einen einzigen Schritt. Einen Schritt in Richtung Ihrer Ziele. Einen Schritt weg von Ihren Schwierigkeiten. Nur einen Schritt. Und nach diesem Schritt, einen weiteren. Ein Schritt ist kein Problem. Und Sie können ihn machen, jetzt.

Sie werden nicht alles an einem Tag erreichen. Es wird dauern. Aber Sie können es. Sie können alles erreichen, was Sie wollen, wenn Sie nur jede Gelegenheit ausnützen, einen Schritt in Richtung Ihrer Ziele zu machen. Kleine Schritte, einer nach dem anderen, und Sie kommen dorthin. Verschwenden Sie Ihre Zeit nicht damit, über grosse Sprünge nachzudenken. Bleiben Sie bei den kleinen Schritten – sie werden Sie sicherer und wahrscheinlicher schneller dorthin bringen.

Sobald Sie den ersten Schritt gemacht und sich wirklich entschlossen haben, die restlichen zu machen, werden sich die Dinge verändern. Es kommt Bewegung in die Sache. Welchen Schritt können Sie jetzt unternehmen, der Sie Ihrem Ziel näher bringt? Welche kleine Sache können Sie machen?

Machen Sie es jetzt. Und suchen dann sofort nach dem nächsten Schritt. Und machen so weiter bis Sie dort sind..

Dieter Langenecker

Oft wird an dieser Stelle nicht genügend Energie aufgewendet. Dazu kommt, wenn der Schritt der Analyse und Spezifikation nicht in einer verstehbaren Form gemacht wird, stellen sich eventuelle Probleme und Unklarheiten erst zu einem viel späteren Zeitpunkt heraus. Kunde und Entwickler, oder Produkt Marketing und Entwicklung reden häufig aneinander vorbei, und das wird erst zu einem späteren Zeitpunkt festgestellt. Und wieder müssen Umleitungen programmiert werden.

Wenn Sie nun ein Diagramm zeichnen und es fällt Ihnen schwer, dann schieben Sie den Grund nicht auf die Methode oder die Tools. Haben Sie Probleme, die Diagramme zu Zeichen, dann fragen sie sich einmal, ob Ihnen die Applikation wirklich klar ist. Probleme beim Zeichnen von Diagrammen sind in der Regel Anzeichen für fehlendes Verständnis. Und genau darin liegt der Vorteil, wenn sie erst Diagramme zeichnen. Sie merken bereits bei der Beschreibung, was Ihnen noch unklar ist. Wenn Sie mitten in der Codierung sind, dann ist der Aufwand erheblich größer Änderungen durchzuführen, und Sie bauen wieder Umleitungen.

Wichtig! Probleme beim Zeichnen von Diagrammen lassen auf Lücken im Verständnis der Applikation schliessen.

Beachten Sie eine Grundregel: In der Spezifikation haben Lösungen nichts zu suchen. Beispiel: Muss die Applikation in ein existierendes CAN Netz integriert werden, ist CAN eine Anforderung. Müssen Daten übertragen werden, ist CAN eine Lösung.

So, nun haben Sie eine Spezifikation als ideale Voraussetzung für das Design.

Das Softwaredesign als wichtigste Voraussetzung für eine optimale Projektrealisierung

Besser und besser

Jeder Tag ist eine Gelegenheit zur Verbesserung. Jede Handlung gibt Ihnen die Möglichkeit, es besser als das letzte Mal zu machen. Augenblick für Augenblick werden Sie erfolgreicher und effektiver als zuvor.

In kleinen Schritten addiert es sich zusammen. Langfristig gesehen, die Bemühungen mit den grössten positiven Auswirkungen sind die kleinen. Es liegt ein gewaltiger Multiplikationseffekt darin, jeden Tag etwas auch nur geringfügig besser zu machen. Und auf Grund dieses Effektes vervielfachen sich die Verbesserungen der Verbesserungen der Verbesserungen....

Welchen kleinen Schritt können Sie heute machen? Es gibt immer die Möglichkeit zur Verbesserung, sowohl quantitativ (ein Anruf mehr, 15 Minuten mehr Arbeit an einem Projekt) als auch qualitativ (fokussierter und konzentrierter).

Jeden Tag, auf verschiedenste Art und Weise, werden Sie besser und besser. Besser in der Arbeit, in Ihren Beziehungen, in der Balance Ihres Lebens, im positiven und erfolgreichen Leben. Jeder Tag ist eine Chance, vom Tag zuvor und Ihren früheren Erfahrungen zu lernen. Das Leben ist gut und es wird immer besser.

Dieter Langenecker

An dieser Stelle möchte ich Ihnen eine kleine Geschichte erzählen. Stellen Sie sich vor:
Es ist Samstag Vormittag, 10:30 Uhr. Ihre neunjährige Tochter steht auf einmal vor Ihnen, mit einem Hund auf dem Arm. Sie hat sich schon immer einen Hund gewünscht und jetzt spielt sie Ihren vollen Charme aus, was nicht ohne Wirkung auf Sie bleibt. "Papa Papa, ist der nicht niiiiedlich, er ist mir zugelaufen"
Sie sehen auf den ersten Blick, dass dieser Hund tatsächlich kein Herrchen mehr zu besitzen scheint und lassen sich erweichen, ihn wenigstens nicht wieder auf die Strasse zu setzen.

Draußen toben die Herbststürme und der Hund ist vom kalten Regen durchnässt. Beim Versuch, das zerzauste Fell mit einem Handtuch trockenzureiben fällt Ihnen auf, dass der Hund völlig verlaust ist und von Zecken nur so strotzt.

Ihr Entschluss steht fest, ins Haus kommt der Hund (Ihre Tochter hat schon einen Namen. Sie nennt ihn Gesa, weil ihr Lieblingshund auch Gesa heißt) nicht. Sie entschließen sich, eine Hundehütte für den Garten, zu bauen.

In Ihre Garage suchen Sie nach geeignetem Baumaterial. Da ist ein Holzstapel mit einigen brauchbaren Brettern. Schnell haben Sie sich im Kopf ein Konzept zusammengestellt und Ihnen fehlen nur noch zwei, drei Bretter.

Der Baumarkt hat noch auf und schon sitzen Sie im Auto auf dem Weg dahin.

Im Baumarkt nehmen Sie zur Sicherheit noch zwei Kisten Schrauben mit, und dabei sehen Sie den neuen Allzweck-Akkuschrauber im Sonderangebot, mit dem selbst dieser Trottel aus der Werbung die ganze Wohnung neu renoviert hat. Der hat auch gleich einen Ersatzakku dabei, das haben Sie sich schon lange gewünscht.

Drei Stunden später sitzt der Hund in der Hütte, Ihre Tochter steht freudestrahlend davor. Am liebsten würde sie heute Nacht auch in der Hütte schlafen, damit Gesa keine Angst haben braucht. Sie stehen selbstzufrieden vor einem grossen Haufen neuem Werkzeug, von dem Sie gleich die Hälfte beim Bau der Hundehütte gebrauchen konnten. ,Gutes Werkzeug ist halbe Arbeit' denken Sie.

Acht Monate später, Hund und Tochter sind immer noch glücklich, unterzeichnen Sie zusammen mit Ihrer Frau den Kaufvertrag für ein Grundstück. Sie sehen das Haus genau in Ihrer geistigen Vorstellung und in Ihrem Kopf haben Sie schon die genaue Raumaufteilung gemacht.

Es ist Samstag, als der Vertrag unterschrieben ist, der nächste Baumarkt hat noch auf, Ihr Kofferraum ist leer und der Bausparvertrag auf Ihr Girokonto überwiesen. Da können Sie doch gleich zwei Stapel Bretter und drei Kisten Schrauben kaufen und gleich mit dem Hausbau anfangen.

Was sagen Sie? Das würden Sie niemals so tun ... So einfach geht das nicht? ... Architekt muss erst Pläne machen? ... Bauantrag?

Ach so, damit Sie genau planen können, ach - und damit Sie mit dem Elektriker sprechen können, wie die Elektroverkabelung aussieht.

Der Putzer benötigen eine genaue Quadratmeter Angabe, damit er ein Angebot machen kann?

A ... aber bei der Softwareentwicklung? Da werden doch auch keine kompletten Pläne gemacht, wieso denn beim Hausbau? Und wozu benötige ich denn überhaupt eine Statik?

Statik alter Software und daraus resultierende Probleme

Die meisten mir bekannten Softwarestatiken, (nachfolgend Software Design genannt) aus den vergangenen Jahren sind stark an die Funktionalität der Sprache C angelehnt. Sie sehen folgendermassen aus:

Grundsätzlich gibt es zwei Ebenen. Ich nenne sie immer Vorder- und Hintergrundebene. Die Vordergrundebene spielt sich auf der Interruptebene des Prozessors ab und ist zuständig für das Echtzeitverhalten der Applikation. Die Hintergrundebene ist eine main()-Schleife, in der alle zeit-unkritischen Tätigkeiten in Form von aneinandergereihten Funktionsaufrufen abgearbeitet werden. So sehen 80% der mir durch unsere Kunden bekannten Applikationen aus.

Jetzt gibt es bei derartigen Designs grundsätzlich zwei Probleme.

Das erste Problem:
Die Vordergrundebene muss mit der Hintergrundebene kommunizieren. Da C hierfür keine speziellen Methoden bereitstellt, wird das in der Regel über globalen Speicher gemacht (auch Shared Memory genannt), und hier beginnt das Problem.

Ebenso wie beim Hausbau, ist die Statik (Software Design) das Gerüst, auf dem alles steht, und damit besonders wichtig.

Wenn nun die Hintergrundebene Daten bearbeitet, und diese werden zum gleichen Augenblick durch einen Interrupt auf der Vordergrundebene modifiziert, kann es zu Korruptionen kommen. Aus diesem Grund werden dann Verriegelungsmechanismen eingeführt (auch Semaphore genannt). Wenn diese Software nun im Laufe ihrer Lebenszeit wächst und gedeiht, entstehen immer mehr Daten, Verriegelungen und Abhängigkeiten. Es entstehen Strukturen, die dann allmählich nur noch von den alt eingesessenen Entwickler-Genies und zuletzt gar nicht mehr beherrschbar sind, da zu viel ineinander greift.

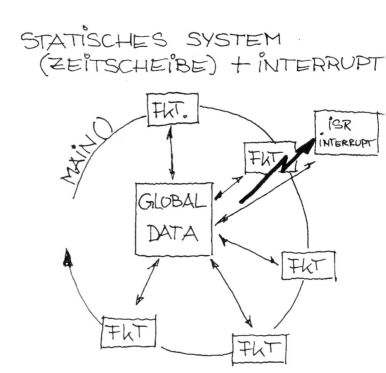

Kennen Sie die Anzeichen für diesen Zustand? Hier sind einige genannt:

- Sie benötigen Emulatoren, um auf Variablen triggern zu können, damit Sie herausfinden, warum denn nicht der von Ihnen erwartete Wert drinnen steht.

- Ihre Testzeiten liegen weit über den Entwicklungszeiten.

- Die Fälle nehmen zu, in denen eine Änderung gleichzeitig einen Fehler beinhaltet.

- Sie bekommen Magenkrämpfe, wenn der Herr X aus dem Vertrieb mit einem neuen Feature auf Sie zu kommt, dessen Realisierung eine Änderung in dem Modul Y erfordert.

Immer, wenn Ihnen eine dieser oder ähnliche Anzeichen begegnen, sollte bei Ihnen eine rote Warnleuchte angehen, und Sie sollten sich die Frage stellen, wer wen fest im Griff hat, Sie die Software oder die Software Sie? Die Antwort sagt Ihnen dann, wie dicht Sie an dem Zeitpunkt sind für die Frage: 'Soll geändert oder neu entwickelt werden?'.

Und nun kommt das zweite Problem:
Egal, wie Ihre Antwort aussieht, üblicherweise wird diese Entscheidung, wann die Software ein Re-Design benötigt, nicht von Ihnen als Softwareentwickler getroffen, sondern wird von den Grenzen der eingesetzten Hardware bestimmt. Wenn Hardwaregrenzen erreicht wurden, und ein Hardware Re-Design notwendig ist, kann das Management am leichtesten davon überzeugt werden, dass auch wieder einmal ein Re-Design der Software notwendig ist.

Die Entscheidung für eine Neuentwicklung der Software ist immer ein Drahtseilakt zwischen verschenkten Ressourcen für aufwendige Änderungen an veralteter Software und verschenkten Ressourcen durch Wegschmeißen von Software.

Obwohl die Entwicklungsaufwendungen für die Software heutzutage den überwiegenden Anteil haben, wird diese Entscheidung nach wie vor von der Hardware vorgegeben.

Wie sinnvoll ist diese Vorgehensweise noch? Ich stelle sehr häufig fest, dass Entwicklungseffizienz verschenkt wird, weil mit grossem Aufwand an veralteter Software gearbeitet wird.

Die Entscheidung für ein Re-Design der Software ist immer ein Drahtseilakt zwischen verschenkten Ressourcen für aufwendige Änderungen an veralteter Software und verschenkten Ressourcen durch Wegschmeissen von Software.

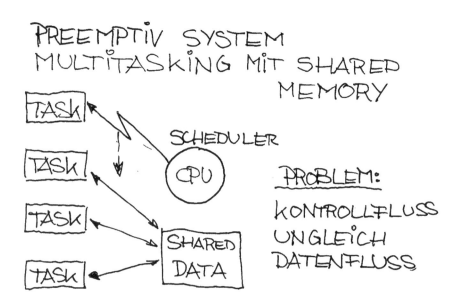

PREEMPTIV SYSTEM
MULTITASKING MIT SHARED
                    MEMORY

TASK
TASK
TASK
TASK

SCHEDULER
CPU

SHARED DATA

PROBLEM:

KONTROLLFLUSS
UNGLEICH
DATENFLUSS

Was bewirkt ein gutes grundlegendes Design der Softwarestruktur?

Denken Sie voraus, arbeiten Sie voraus, seien Sie voraus

Wie wird Morgen sein? Gute Frage. Die Antwort hängt primär davon ab, was Sie heute machen. Morgen wird ...sein, was immer Sie planen und tun, dass es sein soll. Und das gilt auch für die nächste Woche, den nächsten Monat, das nächste Jahr, usw.

Wenn Sie absolut keinen Plan haben, wird das Morgen dem Zufall überlassen sein. Sie werden dahintreiben mit dem was auch immer kommen mag. Dagegen ist nichts einzuwenden, wenn Dahintreiben für Sie okay ist. Aber wenn Sie eine Richtung haben wollen, oder wenn es etwas gibt, das Sie morgen sein, tun oder haben wollen, dann müssen Sie heute zum Planen und daran arbeiten beginnen.

Eine wichtige Erkenntnis – je weiter Sie voraus planen, um so mehr Kontrolle haben Sie. Nehmen wir z.B. eine Flugreise. Wenn Sie 30 Minuten vor dem Abflug ohne Ticket zum Flughafen haben, brauchen Sie viel Glück, um einen Platz zu bekommen und Sie werden den teuersten Tarif zahlen müssen. Wenn Sie jedoch Ihre Reise 3 Monate im voraus planen, können Sie sich den Sitzplatz aussuchen, vielleicht sogar das Essen und Sie zahlen einen wesentlich geringeren Tarif.

Warum belohnen Fluglinien Vorausplanung? Weil es ihnen Vorausplanung ermöglicht, den richtigen Einsatz der Ressourcen in der effizientesten und effektivsten Form. Warum sollen Sie in allen Bereichen Ihres Lebens vorausplanen? Aus dem gleichen Grund – so können Sie das Beste daraus machen.

Denken Sie voraus. Was wird in 3 Monaten, in 6 Monaten, in 2 Jahren geschehen? Mit den Details müssen Sie sich soundso früher oder später beschäftigen, warum also nicht schon jetzt damit anfangen? Vorausplanen gibt Ihnen immer mehr Möglichkeiten, und Sie erhalten mehr für das, was Sie investieren.

Was können Sie heute machen um das Morgen leichter zu machen? Was können Sie heute machen, um die nächste Woche produktiver zu machen? Was können Sie heute unternehmen, um Ihr Leben im nächsten Monat zu verbessern? Oder in 6 Monaten? Oder in 5 Jahren? Denken Sie darüber nach. Und beginnen Sie ein besseres Morgen jetzt, sofort.

Dieter Langenecker

Ein gutes Design erleichtert die Entscheidung zwischen Änderung und Neuentwicklung

Bei kleinem Risiko lassen sich Entscheidungen leichter treffen.

Durch ein gutes Design und neue Engineeringmethoden, kann die Software in mehrere, unabhängige Teile aufgeteilt werden. Dadurch können auch einzelne Teile der Software neu entwickelt werden, und genau das ist das Ziel modernen Software Engineerings. Das erleichtert die Entscheidung für Neuentwicklung, da die Tragweite bezüglich einzelner Teile besser abzuschätzen ist, als für die gesamte Software. Die Entscheidung einzelne Module neu zu entwickeln kann von Entwicklern und Projektleitern getroffen werden, die Entscheidung, ob ein ganzes Projekt neu entwickelt wird, liegt oft bei der Entwicklungsleitung und bei der Firmenleitung.

Schnelle Realisierung der Software auf höchstem Qualitätsniveau

Hohe 'Change Request Raten' kennzeichnen unsere schnellebige Zeit, und Software lässt sich ja leichter ändern als Hardware. Aus diesem Grund werden ja gerade Mikrocontroller eingesetzt. Alle Softwareentwickler können ein Lied von dieser Situation singen. Kaum ist ein Design abgeschlossen, ist es schon wieder veraltet. Also lohnt sich da überhaupt der Aufwand für ein gutes Design?
Ich behaupte, gerade in dieser Situation benötigen Sie nicht nur ein gutes, sondern ein geniales Design, als Voraussetzung für Erweiterbarkeit, Änderbarkeit und Wartbarkeit Ihrer Software. Das Design Ihrer Software ist der Dreh- und Angelpunkt für eine effiziente und reibungslose Programmierung der Software.

Auch hier gilt grundsätzlich das Gleiche, was auch für die Erstellung der Spezifikation gilt. Das Design muss für alle Teambeteiligten verständlich sein und eine Basis zur Kommunikation bilden. Die Darstellung des Designs stellt die gesamte Applikation in allen Einzelheiten dar, so dass Zusammenhänge, Auswirkungen und eventuelle Abhängigkeiten erkannt werden. Erst wenn die Darstellung ein komplettes Verständnis der Applikation ermöglicht, lassen sich Fehler vermeiden. Auch hier gilt jeder Fehler im Design bewirkt eine Umleitung in der Programmierung die zu Qualitätsverlusten führt.

SDL: Structured Description Language Genormte Beschreibungssprache, basierend auf finite state machine durch Messages erweitert.

Auch an dieser Stelle bietet es sich an, grafisch zu arbeiten und inzwischen gibt es ja auch schon genügend grafische Beschreibungssprachen. Für ablauforientierte Echtzeitsysteme scheint derzeit SDL die geeignetste Sprache zu sein. SDL basiert auf erweiterten Zustandsautomaten. Erweitert wurden sie durch Nachrichten. Sie ist sehr gut mit UML kombinierbar, und wenn es für das Design sinnvoll ist, können Komponenten aus der Spezifikation direkt übernommen werden.

Wenn Sie auch an dieser Stelle wieder eine Sprache wählen, die die Komplexität mit allen Auswirkungen erkennen lässt, und die nicht nur von Technikern verstanden wird, hat das noch weitere Vorteile. Kennen Sie folgenden Zustand? Sie sollen eine "kleine" Erweiterung machen, geben einen Arbeitsaufwand von ca. 2 Monaten dafür an und jeder fällt aus allen Wolken. Wenn der Vertrieb die Komplexität Ihrer Software nicht kennt, ist es oft schwer vorstellbar, dass eine einzige weitere Op-

VERTRIEB

ENTWICKLER

47

tion in einem Betriebsmodus einen so großen Aufwand in der Realisierung bedeutet.

Aber es gibt leider noch zu häufig die zweite Variante. Sie sollen eine "kleine" Erweiterung machen, und geben einen Arbeitsaufwand von ca. 2 Wochen an. Alle freuen sich, aber nur solange, bis sich während der Implementierung nach und nach der tatsächliche Aufwand von 2 Monaten herausstellt, weil Sie selbst die Komplexität nicht mehr erkannt haben.

Versteht nun aber auch der Vertrieb die Struktur Ihrer Software, weil Sie ihm anhand einer allgemein verständlichen Darstellung Ihrer Software die Zusammenhänge erläutern können, dann wird die Komplexität anschaulich, und die Änderung erledigt sich eventuell von alleine, weil sie angesichts der Komplexität nur noch wie eine fixe Idee erscheint. War sie keine fixe Idee, wird man Ihnen nun die notwendige Zeit für eine sorgfältige Implementierung und Test eher einräumen.

Gute Erweiterbarkeit und Wartbarkeit sichert Investitionen durch lange Lebenszeit der Software

Software hat die Tendenz, schneller zu wachsen als geplant, und je mehr sich zukünftig an Ihrer Software ändern wird, desto wichtiger ist das Design. Das Design legt die Basis für gleichbleibende Qualität bei Änderungen, es ermöglicht modulare Programmierung in Teams ohne anschließende schwierige Integrationsphasen. Alles zusammen genommen ist es der Grundstein für die effiziente Realisierung Ihrer Software und einer langen Lebenszeit.

Das ist erst der Hauptvorteil eines guten Designs. Die Aufteilung in einzelne, voneinander unabhängige Komponenten (Objekte). Nur wenn das gelungen ist, können verschiedene Mitarbeiter an der selben Software arbeiten, ohne dass es immer wieder zu Komplikationen führt.

Ein gutes Design ermöglicht die Aufteilung der Software als Voraussetzung für reibungslose Integration bei Teamarbeit

Die meisten Projekten werden inzwischen mit mehreren Mitarbeitern entwickelt. Dazu kommt, dass die Fluktuation in keiner Branche so groß ist, wie in der Softwareentwicklung. Wer heute noch einfacher Entwickler ist, ist morgen Projektleiter, und an dem Projekt muss ein neuer, frisch von der Hochschule eingestellter Ingenieur mitentwickeln. Dieser kennt aber nicht alle Systemzusammenhänge und kann lange Zeit nicht effizient bei der Entwicklung helfen. So sieht es üblicherweise aus, wenn keine gute Kapselung der einzelnen Software Module designed wurde, oder diese im Laufe der Zeit verloren gegangen ist.

Wie erreichen Sie eine gute Kapselung der Funktionseinheiten?

Was zeichnet ein geniales Software Design heute aus?

Wenige, einfache Schnittstellen, das zeichnet ein geniales Design aus.

Es ist die Art der gewählten Schnittstellen zwischen den einzelnen Funktionseinheiten. Ein gutes Software Design hat so wenig und so einfache Schnittstellen wie möglich. Darüber wird eine gute Kapselung der Funktionseinheiten erreicht.

Gute Kapselung wiederum ist eine der grundlegenden Eigenschaften der Objekt-Orientierten-Programmierung. Ein weiterer, grosser Vorteil der OOP ist die gleichzeitige Betrachtung von Funktionalität, Zeit und Kommunikation (Datenfluss). Das gesamte System wird, wie auch bei herkömmlichen Designmethoden, in einzelne Einheiten aufgeteilt. Beim Zusammenwirken der einzelnen Module wird jedoch alles gemeinsam (Zeit, Kommunikation,

Funktionalität und Priorität) betrachtet. Dadurch kann es nicht zu Korruptionen kommen, wie etwa bei anderen Methoden, wo Zeit, Funktionalität und Kommunikation getrennt voneinander betrachtet werden, zum Beispiel mit Funktionsablaufplänen parallel zu Datenflussplänen. Durch diese getrennte Betrachtung entsteht das Problem der nachträglich erforderlichen Synchronisation, zum Beispiel zwischen Daten und Funktion.

An dieser Stelle ist die allgemeine Informatik mit ihren datenbankorientierten Systemen erst sehr spät auf die Problematik gestoßen, dass Ablauf und Datenzugriffe

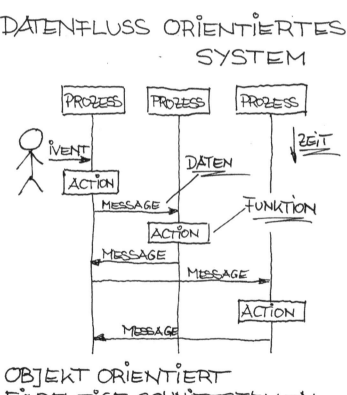

zeitliche Abhängigkeiten haben.

Im Bereich Embedded Control oder Echtzeitsystemen ist es gerade umgekehrt. Sie sind in der Regel ablauforientiert und weniger datenorientiert gewesen, so dass man lange Zeit mit globalen Daten ohne große Probleme leben konnte.

Aber die Welten rücken einander näher. Auch in Buchungssystemen sollen Buchungen online möglich sein. Das bringt Ablaufproblematik in Echtzeit. Embedded Systeme verarbeiten immer mehr Daten, der Datenfluss wird komplexer.

Die Lösung dafür ist OOP. Jetzt erschrecken Sie nicht gleich, wenn ich OOP sage. Ich meine damit nicht C++. Das ist der erste Gedanke der meisten meiner Kunden. Einige Basis- Elemente der Objekt-Orientierten-Programmierung erfordern nicht unbedingt C++, ganz im Gegenteil, C++ kann diese Anforderungen alleine nicht einmal erfüllen.

Was Schnittstellen und OOP bewirkt, möchte ich Ihnen noch einmal an einem kleinen Beispiel verdeutlichen. (Siehe auch Bild 'Wachstum von Komplexität') Stellen Sie sich bitte eine kleine Code Sequenz bestehend aus zwei IF Bedingungen vor. Um diese vollständig zu testen oder logisch zu durchdenken, müssen Sie vier Pfade abdecken.

Wachstum von Komplexität

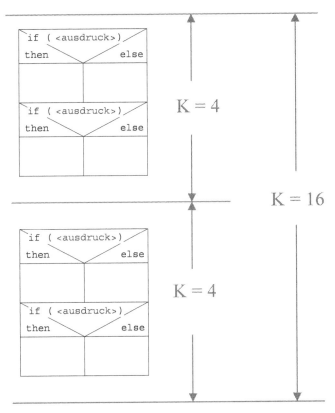

Stellen Sie sich nun vor, das gleiche Element wird noch einmal angehängt. Die Größe der Software verdoppelt sich dadurch. Um aber nun die gesamte Software zu testen oder logisch zu durchdenken, müssen Sie nun 16 Pfade durchlaufen. In diesem Fall bewirkt die Verdopplung der Software ein Wachstum der Komplexität im Quadrat. Natürlich gibt es auch einfache, sequentielle Anweisungen und die Verdopplung bewirkt nicht immer Wachstum der Komplexität im Quadrat, aber irgendwo zwischen linear und im Quadrat zur Größe liegt das Wachstum der Komplexität.

Jetzt kommt der Nutzen der OOP. Wenn Sie durch eine Kapselung der beiden IF Konstrukte gegenseitige Auswirkungen vermeiden können, so wächst die Komplexität linear mit der Größe der Software. Na, geht Ihnen ein Licht auf?

Das Wachstum der Komplexität wird immer unterschätzt. Darin liegt eines der Hauptprobleme.

Um eine ideale Kapselung zu erreichen, müssen Schnittstellen frei von Auswirkungen gehalten werden, die nicht dem reinen Informationsaustausch dienen. Wie das zu verstehen ist, möchte ich noch einmal an einem kleinen Beispiel verdeutlichen.

Der große Vorteil von OOP. Durch Kapselung wächst die Komplexität langsamer.

Zwei Funktionseinheiten sollen miteinander kommunizieren. Wenn nun eine Funktionseinheit Daten an eine andere Funktionseinheit übergibt, dann sollte dieses keine Auswirkungen auf die Ausführungszeiten und Prioritäten beider Funktionen haben.

Welche Möglichkeiten bietet an dieser Stelle die Sprache C?
Zum einen, wenn nicht mit globalen Daten gearbeitet wird, sondern über Funktionsaufruf mit Parameterübergabe, ist diese Forderung nicht erfüllt. Die Übergabe beinhaltet auch gleich, dass die andere Funktion zusammen mit der Übergabe ausgeführt wird. (In diesem Fall haben wir eine feste Synchronisation, die aufgerufene Funktion erbt die Priorität der aufrufenden Funktion) Das hat leider nichts mit OOP zu tun.

Beispiel MSC

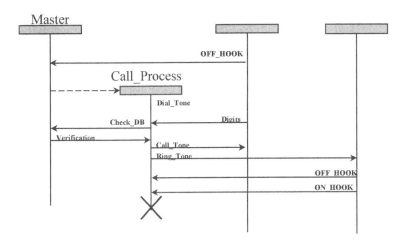

Eine andere Möglichkeit ist, mit globalen Daten zu arbeiten. Aber auch in diesem Fall muss eine Synchronisation stattfinden, wenn auch nicht so fest wie im vorherigen Beispiel. Wenn die eine Funktion die Daten schreibt, darf sie nicht von der anderen unterbrochen werden. Außerdem müssen die Funktionen immer aufeinander folgen, sonst gehen Daten verloren, es sind keine Buffer vorhanden. Merken Sie? Wir sind wieder beim anfangs beschriebenen Problem. Ja, Sie haben recht, hat auch nichts mit OOP zu tun.

Um dieses Problem zu lösen, benötigen Sie Mechanismen wie Nachrichten, die versandt werden können, ohne auf die Ausführung und Priorität von Funktionen einzuwirken. Weiterhin benötigen Sie ein einfaches System von Prioritäten. Diese Mechanismen geben Ihnen die Freiheiten, die Sie für ein Design benötigen. Gehen Sie an dieser Stelle einmal davon aus, Sie haben diese Mechanismen bei der Codierung zur Verfügung, ich komme im letzten

Kapitel über die Codierung noch einmal auf dieses Thema zurück. Nun kennen Sie die wichtigsten Eigenschaften, die ein geniales Design auszeichnet: Aufteilung Ihrer Applikation in Funktionseinheiten, so dass die Anzahl der Schnittstellen und ihre Komplexität so klein wie möglich sind. Damit erreichen Sie eine grösstmögliche Kapselung der Einheiten. Gestalten Sie den Ablauf der Applikation datenflussorientiert, dann bekommen Sie keine Inkonsistenzen zwischen Funktions- und Datenfluss, die mit nachträglichen Synchronisationsmechanismen beseitigt werden müssen.

Übrigens, ein ideales Designwerkzeug sind Message Sequenz Charts (MSC's) in Bild 'Beispiel MSC' dargestellt. Im Anhang finden Sie einige Internetadressen, mit weiteren Informationen zu MSC's.

Sie kennen nun also die grundsätzlichen Mechanismen, aber es fehlt Ihnen noch das meiner Meinung nach wichtigste Element, um ein geniales Design zu erstellen, und das möchte ich Ihnen jetzt erläutern.

Wie kommen Sie zu einem genialen Software Design?

Weniger ist mehr

Haben Sie gelegentlich das Gefühl, dass Sie niemals genug Zeit haben um das zu machen, das getan werden muss? Aber, haben Sie auch schon manchmal darüber nachgedacht, dass Sie eventuell mit weniger Anstrengung mehr erreichen könnten? Von nichts kommt nichts, das ist schon klar. Aber es gibt auch keine Notwendigkeit, die besagt, mehr zu machen als notwendig ist, um den gewünschten Effekt zu erreichen.

Je weniger Sie in Aktionismus verfallen umso mehr können Sie erreichen. Das bedeutet nicht, faul zu sein – ganz und gar nicht. Im Gegenteil, es könnte sogar argumentiert werden, dass es Faulheit ist, die Dinge mit weniger Aufwand zu erreichen. Wenn Sie nach Wegen suchen, die Anstrengungen reduzieren zu können haben Sie auch mehr Kapazitäten, neue Wege und neue Dinge zu sehen.

Zum Beispiel ist es viel einfacher, das Motoröl regelmässig zu wechseln, als den ganzen Motor auszutauschen. Es ist einfacher, die Dinge gleich wegzuräumen, wenn sie erledigt sind, als immer über sie zu stolpern, wenn Sie durch das Zimmer gehen. Es ist ebenso einfacher, sich gleich dann um ein Problem zu kümmern, wenn es entsteht, als es zu verdrängen und zu warten bis es wirklich gross ist. Es ist einfacher, für einen Kauf rechtzeitig zu sparen als nachher mit Kredit zu kaufen und teure Zinsen zu zahlen. Es ist ebenso einfacher, etwas JETZT zu tun als hin und her zu überlegen, sich den Kopf zu zerbrechen, Sorgen zu machen um dann irgendetwas im letzten Moment zu machen. Es ist auch einfacher, schwierige Aufgaben frühestmöglich am Tag zu machen, wenn Sie frisch sind, und nicht sie vor sich herzuschieben bis Sie ausgelaugt sind.

In allem was Sie machen fragen Sie sich: "Wie kann ich es einfacher, mit weniger Aufwand machen?". Meistens gibt es einen Weg, und wenn Sie diesen wählen wird sich Ihre Effizienz und Effektivität gewaltig verbessern.

Dieter Langenecker

Was sind Superprogrammierer

Kennen Sie Superprogrammierer? Natürlich wieder einmal in den USA, wurde bereits in den 80er Jahren herausgefunden, dass einige wenige Programmierer unvergleichlich bessere Software in kürzerer Zeit ablieferten. Sie kennen die Amerikaner, die wollten natürlich sofort wissen, woran das liegt und was Superprogrammierer anders machen. Lange Zeit konnten die Gründe nicht wirklich herausgefunden werden. Inzwischen kennt man

Der Arbeitsplatz der besten und schlechtesten Programmierer, Quelle: Tom DeMarco ‚Wien wartet auf Dich'

Arbeitsplatz Faktor	Bestes Viertel der Teilnehmer	Schlechtestes Viertel der Teilnehmer
Wieviel Arbeitsplatz steht Ihnen zur Verfügung?	*7 m²*	*4,1 m²*
Ist er annehmbar ruhig?	*57% JA*	*29% JA*
Ist Ihre Privatsphäre gewahrt?	*62% JA*	*19% JA*
Können Sie Ihr Telefon abstellen?	*52% JA*	*10% JA*
Können Sie Ihr Telefon umleiten?	*76% JA*	*19% JA*
Werden Sie von anderen Personen oft grundlos gestört?	*38% JA*	*76% JA*

sie. Tom DeMarco machte Ende der 80er, Anfang der 90er Jahre ausgiebige Untersuchungen zu diesem Thema mit folgendem, erstaunlichen Ergebnis: Superprogrammierer arbeiten 10mal so effizient wie herkömmliche Programmierer. Außerdem stieß er auf das Phänomen, dass Superprogrammierer konzentriert in einzelnen Ab-

teilungen oder Organisationen anzutreffen sind. Und wieder wurde dieses Phänomen näher untersucht, mit einem erstaunlichen Ergebnis: Das Umfeld am Arbeitsplatz war ausschlaggebend für die Leistung der Programmierer.

Was unterscheidet Superprogrammierer von anderen Programmierern

Heute ist der Wissensstand weiter, wir wissen, was ein störungsfreies Arbeitsumfeld bewirkt. Unser Gehirn kennt verschiedene Zustände. Sie werden durch den Schwingungszustand gekennzeichnet, der gemessen werden kann. Besonders konzentriert und kreativ arbeitet es im oberen Bereich des Alpha Zustandes. Dort arbeiten zum Beispiel Superprogrammierer 10mal effizienter.

Und hier kommt die gute Nachricht für Sie: Das können Sie auch! Wie Sie das machen, steht in dem folgenden Kapitel, aber zuerst noch ein wenig Theorie.

Um in den Alpha Zustand zu kommen, benötigen untrainierte Mitmenschen ca. 20 Minuten. Abhängig von der aktuellen Stressbelastung geht es manchmal schneller oder dauert sogar länger. Und jetzt kommt das Problem: Nur eine Störung innerhalb dieser Zeit und die Uhr fängt von vorne an zu laufen. Jetzt wissen Sie, warum Sie so selten wirklich effizient arbeiten. Wann haben Sie schon einmal 20 Minuten unterbrechungsfreie Zeit? Und selbst wenn Sie einmal 30 Minuten störungsfreie Zeit haben, dann arbeiten Sie nur 10 Minuten davon wirklich effizient. Jetzt können Sie sich ausrechnen, wie es um Ihre Effizienz steht.

Zustände des Gehirns (Alpha Zustand)

- **12-35 Hz Beta-Zustand: Hellwach, hoch konzentriert bis hin zu Stress.**
- **8-12 Hz Alpha-Zustand: Entspanntes Wachsein, geistig besonders kreativ.**
- **4-7 Hz Theta-Zustand: Tiefe Meditation, Schlaf und Entspannung.**
- **1-3 Hz Delta-Zustand: Tiefste Schlafphase.**

Stress und deren Auswirkungen auf Kreativität und geistige Leistung

Jetzt kommt das zweite Problem, der Stress. Kein in die Gesellschaft der Industrienationen normal integrierter Mensch, lebt auf einem niedrigen Stresslevel. Ganz im Gegenteil, die Stressreize folgen so schnell aufeinander, und die Erholungsphasen sind zu kurz, so dass der Stresspegel ständig steigt und uns Konzentration und Kreativität raubt.

Was sind die Auswirkungen von Stress? Durch Stress werden bestimmte Hormone produziert (Adrenalin, Cortisol). Diese Hormone bewirken das Einschalten unseres Reptiliengehirns und das Ausschalten unseres neuzeitlichen Gehirns. Das ist ein überlebenswichtiger Schutzfaktor. Stellen Sie sich einmal folgende Situation vor:

Einer Ihrer Vorfahren geht zum Beerenpflücken, auf dem Rückweg soll er noch ein paar Kräuter sammeln. Plötzlich steht ein Bär vor ihm. Was meinen Sie, was passiert? Ihr Vorfahre schlägt in seinem neuzeitlichen Terminplan-System nach und überlegt, was er nun als erstes tun soll? Na, erkennen Sie den Sinn hinter der Funktion von Stress? „Ohne Überlegen wegrennen!!" Diese Botschaft kommt aus dem Reptiliengehirn. Das Reptiliengehirn denkt nicht, es handelt.

Wie sieht eine ähnliche Situation nun bei Ihnen im Büro aus? Sie sitzen an Ihrem Schreibtisch, Ihr Stresspegel ist eher hoch, wenn Sie dort sitzen. Sie haben sich vorgenommen, eine lange anstehende, wichtige Tätigkeit auszuüben, das Software Design für Ihr neues Projekt. Jetzt klingelt das Telefon, (ein weiterer kleiner Stressimpuls) Ihr Reptiliengehirn wird aktiv und Sie fangen sofort an, auf das Telefonat zu reagieren, egal ob die Anfrage wichtig oder unwichtig war. In der Mittagspause stellen Sie fest, dass der Vormittag wie im Fluge vergangen ist und Ihr Design noch keinen Schritt weiter gekommen ist. An dieser Stelle noch ein Hinweis an alle, die ein Zeitplan-System einsetzen: Was nicht in der Bedienungsanleitung steht: Solange Ihr Stresspegel zu hoch ist, funktioniert es nicht so, wie es soll.

Brain Fitness und Entspannung als wichtigste Basis für Genialität und Kreativität

Entspannen unter Druck

Stellen Sie sich eine schwierige Situation mit Ihrem Chef, Ihrem Partner, Ihrem Kind, einem Kunden vor. Die andere Person ist sehr verärgert und angespannt, und Sie sind das Ziel des Ärgers. Wie reagieren Sie? Geben Sie Gleiches mit Gleichem zurück? Verteidigen Sie sich? Werden Sie laut?

Wird das irgendetwas bewirken?

Haben Sie jemals an die Möglichkeit gedacht sich zu entspannen, während die Welt rund um Sie immer angespannter, aggressiver und verletzlicher wird? Wenn es wirklich heiss hergeht können Sie durch Entspannung und kühlen Kopf bewahren Ihre Situation drastisch verbessern.

Unmöglich? Überhaupt nicht. Sie haben immer absolute Kontrolle über Ihre Emotionen und Handlungen. Sie können verärgert und angespannt sein, oder entspannt. Halten Sie sich vor Augen, dass Ihre Reaktion genau das ist, eine Reaktion. Sie werden nicht von der anderen Person kontrolliert.

Sagen Sie sich:" Ich atme tief durch, lasse meine Schultern fallen, entspanne meinen Nacken, meinen Rücken und werde diese Sache mit Ruhe angehen. Anstatt die Kontrolle über meine Gedanken einer anderen Person zu überlassen, werde ich die Kontrolle behalten und die Situation lösen."

Und selbst wenn der Ärger und die Spannung nicht direkt auf Sie gerichtet sind, eine Haltung der Ruhe und Entspannung wird Ihnen immer helfen, das Beste aus der Situation zu machen.

Dieter Langenecker

Jetzt wird es spannend. Wie bekommen Sie Ihren Stresspegel herunter, um Ihren Tagesablauf wieder planen zu
können, und wie kommen Sie dann in diesen göttlichen
Zustand der 10fachen Effizienz?
An dieser Stelle möchte ich Ihnen zwei der wichtigsten
Werkzeuge vorstellen, die ein Software Entwickler besitzen sollte. Eines, um den Stresspegel klein zu halten und

Der alltägliche Stress und seine Folgen Quelle: M. Lesch, G.

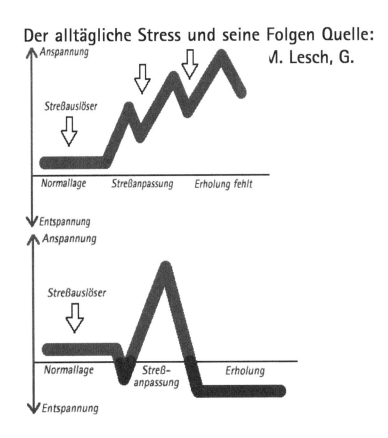

eines, um in den Alpha Zustand zu kommen.

1. Ändern Sie Ihren Stress-Reflex. Ihr angeborener Stress-Reflex ist einatmen, Luft anhalten, Schultern hochziehen und wegrennen oder zuschlagen. Einen Teil dieses Reflexes haben Sie bereits in Ihrer Kindheit geändert, wegrennen oder zuschlagen. Nun wird es Zeit, auch den anderen Teil unserer jetzigen Zivilisation anzupassen. Machen Sie genau das Gegenteil: Ausatmen und Schultern locker hängen lassen. Immer, wenn Sie Zeit haben und besonders, wenn Ihre häufigsten Stressoren anschlagen, machen Sie genau dieses. Meinen Seminarteilnehmern schenke ich an dieser Stelle immer einen kleinen, polierten Halbedelstein, den Sie sich irgendwo hinlegen können, damit sie möglichst häufig an den neuen Stress-Reflex erinnert werden. Leider konnte ich dieser geschriebenen Version keinen Stein beilegen. Aber das ist kein Problem, fordern Sie einen Stein bei mir an, ich schenke Ihnen einen und bei der Gelegenheit können Sie mir auch gleich ein kurzes Feed Back zu diesem Buch geben, ich würde mich freuen. (awillert@willert.de) Oder schaffen Sie sich Ihren eigenen Anker, der Sie erinnert. Ein Kärtchen auf dem Telefon oder unter dem Rückspiegel Ihres Autos.

Entspannung bewirkt:

- positive biochemische Veränderungen in den Zellen
- eine andere Hormonproduktion
- der Kalziumspiegel steigt an
- eine bessere Sauerstoffversorgung
- eine Stärkung der Immunabwehr
- das Aktivieren der rechten Gehirnhälfte (Kreativität)
- den Abbau von Stress

2. Trainieren Sie, in den Alpha Zustand zu kommen. Sport-Profis (Boris Becker, Ralf Schumacher) schaffen das in wenigen Minuten, wenn nicht sogar Sekunden. In diesem Zustand können Sie hochkonzentriert und kreativ denken. Wenn Sie sehr tief in diesem Zustand sind, entspannt es sogar Ihren Körper und Sie bauen Stress ab. Ist das nicht ein nützlicher Nebeneffekt?
Leider kann ich Ihnen hierfür kein Patentrezept mitgeben. Lediglich einige Anregungen. Sie sollten mindestens 30 Minuten ungestört und in einer ruhigen Umgebung

sein. Denken Sie immer an das Gleiche, zum Beispiel an ein unsinniges Wort, welches möglichst keine Assoziationen weckt, ansonsten schweifen ihre Gedanken immer wieder ab. Konzentrieren Sie sich auf Ihren Atem oder auf ein Körperteil.

Mir persönlich hilft folgende gedankliche Vorstellung. Stellen Sie sich vor, Sie fahren mit einem Fahrstuhl vom 100. Stock hinunter in den entspannten Alpha Zustand, zählen Sie dabei von 100 rückwärts bis 1. Fühlen Sie wie Sie bei jedem Stockwerk tiefer entspannen. Unten angekommen stellen Sie sich vor, sie befinden sich an einem Traumhaft schönen Platz, an der See, in den Bergen an einem kleinen Gebirgsbach oder wo Sie sich sehr wohl fühlen. Sie erkennen, das Sie im Alpha Zustand sind, wenn Sie anfangen Ihren Körper nicht mehr zu spüren, oft fängt es an den Händen oder Füssen an.

Hier noch ein besonderer Tip. Jeder Mensch befindet sich 2mal am Tag im Alpha Zustand: kurz vor dem Einschlafen und kurz nach dem Aufwachen. Das sind nur wenige Sekunden, aber Sie können sie nutzen. Warum trainieren Sie nicht ab sofort jeden Abend vor dem Einschlafen, bewusst in den Alpha Zustand zu kommen? Nach 6 Monaten schaffen Sie es in weniger als 5 Minuten, wann immer Sie wollen!

Gewöhnen Sie sich an, in den Alpha Zustand zu gehen und für wenig Störungen zu sorgen, bevor Sie wichtige Änderungen an Ihrer Software durchführen oder wenn Sie an wichtigen Projektphasen arbeiten wie beispielsweise dem Design. Übrigens kennen Sie diesen Zustand bereits. Haben Sie einmal erlebt, dass Sie an einem Freitag ab 17:00 Uhr in wenigen Stunden das schaffen, woran Sie die ganze Woche erfolglos gearbeitet haben. Dieser Zustand wird Flow genannt und jetzt kennen Sie die Bedingungen diesen Zustand zu erreichen.

Brain Pause (7 Minuten)

So jetzt haben Sie bereits eine ganze Weile konzentriert gele-
sen und sich eine Pause verdient. Aber nicht nur das, eine kurze
Entspannung mit anschließender körperlicher Bewegung bringt
wieder neue Energie für Ihr Gehirn und die Aufnahmefähigkeit
bleibt auf Top Level.

Entspannung

Stellen Sie sich hin. Atmen Sie einige Male tief ein und besonders tief aus. Konzentrieren Sie sich nur auf Ihren Atem. Legen Sie beide Hände vor Ihren Körper
flach aufeinander, ungefähr auf der Höhe Ihres Bauches. Drücken Sie nun die
untere Hand mit der oberen Hand, die massiven Widerstand leistet, nach unten
(ca. 7 tiefe Atemzüge). Welche Hand ist stärker? Lassen Sie los und genießen Sie
das entspannte Gefühl. Wiederholen Sie die Übung 3 - 4 mal. Wechseln Sie die
Hände nach jeder Übung. (Ursula Oppolzer)

Konzentration

Schreiben Sie mit beiden Händen gleichzeitig fünf Namen von Bekannten, Kunden oder Kollegen in die Luft - mit der linken Hand in Spiegelschrift. Denken Sie
intensiv an die entsprechende Person und stellen Sie sich vor, Sie würden die
Namen mit Kreide an eine imaginäre Tafel schreiben. (Ursula Oppolzer)

Ich liebe diese Übung besonders, denn sie erhöhen nicht nur Ih-
re Konzentrationsfähigkeit, sondern trainieren Ihre Vorstel-
lungskraft und setzen sich mit den Namen auseinander. Das Ge-
hirn hat so genügend Zeit zur Speicherung. Wenn Sie in Zukunft
einen neuen Namen hören, schreiben Sie ihn in Gedanken. Damit
Sie Zeit gewinnen, fragen Sie nach der Schreibweise und / oder
nach der Bedeutung des Namens. Die meisten Menschen freuen
sich über das Interesse an ihrem Namen.

Wie codieren Sie nun Ihr geniales Design

Möglichkeiten

Sie sind voll von Möglichkeiten. Egal, wie alt Sie sind, welche Schulbildung Sie haben, wie fit Sie sind, oder wieviel Geld Sie haben, Ihr Leben ist voll von Möglichkeiten.

Die Frustrationsgefühle, die Sie erleben, kommen daher, wenn Sie diese Möglichkeiten nicht ausnutzen. Sie sind hier, um etwas zu bewirken, auf Ihre besondere Art. Niemand anders kann Ihre einzigartige Perspektive auf dieser Welt haben.

Sie können etwas bewirken. Und es wird Ihr Leben erfüllen.

Alle grossen Errungenschaften sind von Menschen wie Ihnen erschaffen worden. Von Menschen, die sich entschlossen haben, ihre Möglichkeiten auszunützen. Jeder ist besonders. Jeder hat das Potential für etwas Grosses in sich. Leben Sie Ihre Möglichkeiten. Entscheiden Sie sich, etwas zu bewirken, und kein Hindernis wird Sie aufhalten können.

Dieter Langenecker

So, nun wissen Sie, wie Sie zu einem genialen Software Design kommen, jetzt fehlt nur noch die Codierung und Ihr neues Projekt ist fertig.

Erinnern Sie sich noch, die Schnittstellen waren das wichtigste Element für die Kapselung der einzelnen Funktionen Ihrer Software. Außer den zu übertragenden Informationen, sollten die Schnittstellen keine weiteren Auswirkungen haben. Nur dadurch ist eine gute Kapselung der Module möglich. Leider bietet die Sprache C an sich keine zufriedenstellenden Mechanismen für eine gute Kapselung.

Warum ein RTOS dabei so wichtig ist.

Hierfür benötigen Sie Mechanismen wie Nachrichten (Messages), Prioritäten und einen Scheduler. Nachrichten werden für die Kommunikation benötigt, da in der Natur Dinge gleichzeitig geschehen können, Ihr Mikrocontroller die anstehenden Aufgaben aber immer nur sequentiell verarbeiten kann, benötigen Sie Prioritäten. Außerdem benötigen Sie noch einen Scheduler, der den Ablauf Ihrer Funktionen entsprechend des Designs steuert. Sie ahnen schon, worauf ich hinaus will. Ideal dafür geeignet ist ein Echtzeit- Betriebssystem (Real Time Operating System oder kurz RTOS). An dieser Stelle werden allen Teilnehmern meines Seminars, die es vorher noch nicht wußten klar, wo der Sinn eines Echtzeit- Betriebssystems liegt.

Wenn Sie also nun Ihr Design in ein ablauffähiges Programm umsetzen möchten, benötigen Sie die Mechanismen eines Betriebssystems. Aber Achtung! Nicht diese alten Mechanismen wie Shared Memory und Semaphore.

Und dann können Sie direkt losprogrammieren. Jede Funktionseinheit wird ein Task, jede Nachricht eine Message. Jetzt führen Sie noch Prioritäten ein, die die wichtigsten Funktionen hervorheben. Aber Achtung! Der Ablauf Ihrer Applikation wird nicht von den Prioritäten gesteuert, sondern vom Fluss der Nachrichten. Sonst wird es wieder unübersichtlich. Am Besten ist, Sie führen einige wenige Prioritäts- Stufen ein, denen Sie zeitlich kritische und unkritische Tasks zuordnen. Zum Beispiel eine, oder wenn notwendig mehrere oberste Prioritäten für alle zeitlich kritischen Funktionen, eine weitere hohe Priorität für die Behandlung von Sonderfällen wie Fehlerbehandlung, Service Modi ... und eine Priorität für die zeitlich unkritischen Funktionen. Je weniger Prioritäten Sie benötigen, um so besser, dann ist Ihnen wirklich ein geniales Design gelungen.

Der eigentliche Ablauf Ihrer Applikation wird über den Fluss der Informationen geregelt. Eine Information kann auch einfach ein Event sein, welches einen anderen Prozess anstößt.

So, nun kennen Sie die wichtigsten Elemente modernen, effizienten Software Engineerings. Jetzt liegt es an Ihnen, sie einzusetzen.

Software Qualität, Test und De-bugging

Erschaffen Sie etwas von Wert

Während Alle danach schauen, wie sie etwas BEKOMMEN können, gehen Sie den Weg danach zu suchen, was Sie GEBEN können.

Wenn Sie etwas von Wert schaffen, werden Sie immer gefragt sein. Halten Sie in jeder Situation Ausschau nach den Möglichkeiten.

Machen Sie sich keine Gedanken darüber, wer was getan hat oder wer Schuld an etwas ist. Überlassen Sie diese Gedanken denen, die dumm genug sind zu glauben, dass sie wichtig sind.

Erschaffen Sie etwas von Wert. Welche positiven Beiträge können Sie leisten, die einen Unterschied ausmachen? Es gibt immer Möglichkeiten, in allen Situationen. Wenn Sie nur den Willen haben es zu tun. Das, was Sie von Wert erschaffen, spricht klarere und positivere Worte über Sie als das, was Sie selbst sagen könnten.

Dieter Langenecker

Glauben Sie noch an das Märchen, dass Qualität viel kosten muss?

Wenn Sie wissen möchten, ob dieses Kapitel interessant für Sie ist, stellen Sie sich kurz folgende Fragen:

- Wie hoch ist Ihr Testaufwand im Vergleich zur Codierung?
- Sind Sie sich sicher, dass Sie genügend Testen?
- Was ist Ihr Abbruchkriterium für die Tests?

Interessiert Sie die Standard- Antworten unserer Kunden auf diese Fragen?
Hier sind Sie:

- 60% Test 40% Codierung
- Nein
- Wenn das Produkt ausgeliefert werden muss

1995 haben wir eine Umfrage unter unseren Kunden gemacht, wo wir nach dem eingesetzten Zeitaufwand für die Codierung im Vergleich zum Aufwand für Test und Fehlerbeseitigung gefragt haben. Das Verhältnis lag bei 60% Codierung und 40% Test. 1998 haben wir die gleiche Umfrage wiederholt und inzwischen hatte sich das Verhältnis verschoben auf 40% Codierung und 60% Test. Inzwischen haben wir die ersten Kunden, die das Verhältnis mit 80% Codierung und 20% Test angeben.

Eines lässt sich mit Sicherheit sagen, der Bereich Test ist mindestens genauso beachtenswert wie die eigentliche Software Erstellung.

Wie ist Ihr Verhältnis von Programmierung zu Test? Wenn Sie 50% oder mehr in den Test stecken, ist es an der Zeit, etwas zu tun.

Wie bringen Sie Effizienz in den Bereich Test und Debugging?

Hier kommen sie: eine schlechte und eine gute Nachricht. Die schlechte zuerst.

Eines ist bekannt: Qualität lässt sich nicht nachträglich in ein Produkt hineintesten. Test dient dazu, möglichst viele Fehler zu finden und anschließend zu beseitigen. Grundsätzlich gilt dabei, dass mit einem bestimmten Testaufwand ein bestimmter Prozentsatz der Fehler auffindbar ist. Wobei mit geringem Testaufwand zu Anfang relativ viele Fehler gefunden werden, und für die verbliebenen Fehler immer mehr Aufwand nötig wird. Alle Fehler zu finden, ist bei heutiger Standardsoftware unmöglich, der Aufwand ist unendlich groß.

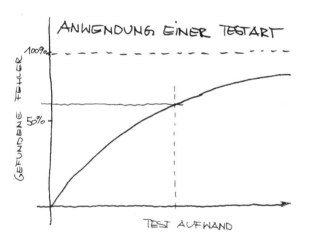

Ein Beispiel: Sie haben 100 Fehler in Ihrem System. Mit einem bestimmten Testaufwand finden Sie 50% der Fehler, also 50 Fehler. Haben Sie in der selben Applikation 1000 Fehler, werden Sie mit geringfügig erhöhtem Testaufwand wiederum 50% der Fehler, also 500 finden. Das heißt aber, dass noch 500 restliche Fehler vorhanden

sind. Um im zweiten Fall auf eine Restfehlerrate von 50 zu kommen, muss nahezu dem 10fachen Aufwand getestet werden.

Und jetzt die gute Nachricht. Dieser Aspekt kann auch positiv ausgenutzt werden. Es gibt verschiedene Fehlerklassen. Diese Fehlerklassen lassen sich durch unterschiedliche Maßnahmen verhindern oder finden. Dabei sind alle Maßnahmen voneinander unabhängig in ihrer Wirkung einsetzbar.

Das heißt, in jeder Klasse können mit wenig Aufwand die ersten 30% aller Fehler gefunden werden. Wenden Sie also drei verschiedene Methoden an, können Sie mit relativ wenig Aufwand 30% der Fehler jeder Klasse finden. Natürlich überschneiden sich Fehler und deshalb finden Sie nicht 90%, sondern erfahrungsgemäß vielleicht 60% aller Fehler.

KOMBINATION VON TESTARTEN

Würden Sie den gleichen Aufwand in nur eine Methode stecken, würde die Rate an gefundenen Fehlern deutlich darunter liegen, schätzungsweise bei 40-50%.

Welche Methoden gibt es nun, um möglichst viele Fehler zu vermeiden oder zu finden?

Weniger Fehler durch gute Struktur der Software

An erster Stelle steht selbstverständlich ein sauberes Design. An dieser Stelle des Buches erzähle ich Ihnen nichts Neues mehr.

Grundsätzlich hat das Design einen sehr großen Einfluß auf die Qualität der entwickelten Software, da sind wir uns sicher einig.

Weniger Fehler durch 'defense programming'

Gleich an zweiter Stelle steht defence programming. Gerade die in Embeddd Projekten verbreitete Hochsprache C hat einen hohen Freiheitsgrad. Das kommt der Qualität von Software nicht gerade entgegen. An dieser Stelle heißt es, sich selber einschränken und das bedeutet defence programming. Es werden nur die C Konstrukte benutzt, von denen keine Probleme zu erwarten sind.

Ebenso verhält es sich mit der Definition von C. ANSI definiert viel und es bleiben noch mehr undefinierte Möglichkeiten, C zu verwenden. Vermeiden Sie diese Bereiche wie die Pest, denn in diesen Bereichen liegt gleich doppeltes Fehlerpotential:

3. Es ist nicht klar, wie die einzelnen Compiler reagieren und ob sie grundsätzlich so reagieren. Dadurch können sich leicht Fehler einschleichen.

4. Die Hersteller von Compilern können nicht alle möglichen Verwendungsarten von C testen. Häufig werden Compiler durch Plum & Hall Testroutinen getestet. Diese Routinen testen aber nur Konstrukte, die nach ANSI definiert sind. Der ganze Bereich, der nicht durch ANSI definiert ist, ist also schlecht bis gar nicht getestet, und dementsprechend sind hier überdurchschnitt-

lich viele Fehler bei den Compilern zu erwarten. Dazu kommt, dass sich die Codegenerierung bei Änderungen am Compiler gleich mit ändern kann. Das bringt also gleich doppeltes Fehlerrisiko.

Fehler aus dem Bereich defence programming können sehr leicht mit Statischen Analysern verhindert und gefunden werden.

Statische Analyser parsen Ihren C-Code und zeigen Ihnen alle Code Sequenzen, die Fehler anfällig sind und begründen Ihnen auch die möglichen Fehler. Statische Analyser können noch einen Schritt weiter gehen und tatsächlich Fehler finden. Das geht in etwa mit der gleichen Geschwindigkeit, wie Compiler Ihren Code übersetzen. Ihnen bleibt noch die Arbeit, die Meldungen durchzugehen und evtl. den Code zu ändern bzw. mögliche Fehler zu überprüfen. Der dafür notwendige Aufwand entspricht dem Programmierstil und kann bei schlechtem Stil erheblich sein. Aber es lohnt sich, hier Arbeit zu investieren, da Sie direkt die Qualität Ihres Codes verbessern und gleichzeitig Ihren Programmierstil optimieren. Im Laufe der Zeit (einige Monate) werden die Listen mit Meldungen der Analyser immer weniger und sie erreichen einen Zustand,
in dem Sie bezüglich defense programming optimal arbeiten, ohne Mehraufwand zu haben.

Statische Analyser gibt es als Tools. Einfache Hinweise geben oft schon die Compiler, wobei es bei Embedded Compilern oft sehr wenig Informationen gibt. Erst langsam wird dieser Bereich von den Compiler- Herstellern erkannt. Zum Beispiel durch die Unterstützung der MISRA C Guidelines durch einige Produkte der Firma Tasking. Tasking nennen es Safer C. Die MISRA C Guide-

lines sind ein Programmierstandard, der von der Automotiv Industrie erarbeitet wurde, um die C Programmierung sicherer zu machen.

```c
Char *report ( int m, int n, char *p )
  {
  int result;
  char *temp;
  long nm;
  int i, k, kk;
  char name[11] = "Joe Jakeson";

  nm = n * m;
  temp = p == "" ? "null" : p;
  for( i = 0; i < m; i++ )
      { k++; kk = i; }
  if( k == 1 ) result = nm;
  else if( kk > 0 ) result = 1;
  else it( kk < 0 ) result = -1;
  if( m == result ) return temp;
  else return name;
  }
```

Die meisten Compiler werden dieses Programm ohne Fehlermeldungen compilieren.

Bevor Sie das Buch umdrehen und auf das Ergebnis des Analysers schauen, versuchen Sie einmal selber, ob Sie Fehler finden.

Diese Meldungen erhalten Sie von einem Statischer-Analyser

```c
2 Char report ( int m, int n, char *p )
3     }
4 int result;
5 char *temp;
6 long nm;
7 int i, k, kk;
8 char name[11] = "Joe Jakeson";
9
10 nm = n * m;
11 temp = p == "" ? "null" : p;
12 for( i = 0; i < m; i++ )
13     { k++; kk = i; }
14 if( k == 1 ) result = nm;
15 else if( kk > 0 ) result = 1;
16 else it( kk < 0 ) result = -1;
17 if( m == result ) return temp;
18 else return name;
19     }
```

- String assigned to name[11] in line 8 drops the nul character
- the multiplication in line 10 unexpectedly loses precision even if long's are longer than int's
- the comparison in line 11 is flawed
- variable k in line 13 had not yet been initialized
- variable kk in line 15 is conceivably not initialized
- variable result in line 17 is possibly uninitialized
- the address of an auto is being return in line 18

Aber es gibt auch preiswerte Statische Analyser wie zum Beispiel PC Lint. Sie liegen bei ca. 400,- DM für einen Arbeitsplatz und ich garantiere Ihnen, die Investition hat sich nach wenigen Einsätzen amortisiert.

Weniger Fehler durch Systematik beim dynamischen Test

Als letztes bleiben die restlichen Fehler, die durch gute Struktur der Software, und defense programming nicht verhindert werden konnten. Diese Fehler werden mit Hilfe von dynamischer Analyse gesucht.

Das ist die aufwendigste Form der Fehlersuche und aus diesem Grund sollte sie als letztes angewandt werden.

Trotz hohem Aufwand gibt es keine Garantie, Fehler zu finden, schon gar nicht alle Fehler. Aus diesem Grund ist es wichtig, dass vorher alle Möglichkeiten, Fehler zu vermeiden ausgeschöpft wurden.

Kennen Sie die 80/20 Regel? Bezüglich der Qualität von Software besagt sie, dass 80% der Fehler in 20% der Software auftreten. Dazu ist noch zu sagen, dass sich die Anzahl der Fehler direkt proportional zur Komplexität verhält. Hohe Komplexität bedeutet auch viele Fehler.

Mit diesem Wissen im Hinterkopf können nun auch die Dynamischen Tests sehr viel effizienter durchgeführt werden.
Schaffen Sie sich eine Möglichkeit, die Komplexität Ihrer Module und Funktionen zu messen, z.B. Mass von McCabe und verlagern Sie 50% Ihres Testaufwand auf die 20% der komplexesten Module und Funktionen

Ich habe einen Kunden, der dieses Prinzip angewandt hat und inzwischen werden dort die 30% der Module mit der geringsten Komplexität gar nicht mehr getestet. Die Wahrscheinlichkeit, dort Fehler zu finden, ist so gering, dass sich der Testaufwand nicht lohnt. (So glaubte man jedenfalls vor einigen Jahren. Inzwischen wurde herausgefunden, dass die Fehlerrate in sehr einfachen Modulen wieder ansteigen kann. Also doch lieber ein bisschen testen.) Diese gewonnene Zeit wird zusätzlich in den Test der 10 % komplexesten Module gesteckt. Mit dieser Maßnahme konnte die Rate der gefundenen Fehler wesentlich erhöht werden.

Übrigens, wenn Sie Configuration Management einsetzen, können Sie anstelle der Komplexität auch die Revision Nummer nehmen. Sie gibt auch einen guten Anhaltspunkt, wo es sich lohnt, zu testen. Die Module (Funktionen) mit den meisten Änderungen haben auch ein hohes Potential an Fehlern. Module mit wenig Änderungen sind dagegen eher unkritisch.

Auch im Bereich Statische Analyse ist es möglich, Testabläufe zu automatisieren. Sogenannte Regression Tests. Grundsätzlich ist der Aufwand für die Erstellung eines automatischen Testablaufes annähernd so groß, wie der Aufwand für die eigentliche Codierung.

Dieser Aufwand ist natürlich nicht unerheblich und wird oft gescheut. Aber auch hier gilt wieder, bei der Konzentration auf die 20% der komplexesten Module oder eventuell sogar nur auf die 10% der komplexesten Module ist der Aufwand vertretbar. Gleichzeitig ist der Nutzen bei diesen Modulen sehr groß. Zum einen ist die Änderungsquote in diesen Modulen am größten, das heißt, auch die Testhäufigkeit ist sehr hoch. Und natürlich ist die potentielle Fehlerhäufigkeit in diesen Modulen hoch. Es lohnt sich also auf jeden Fall über die Einführung von Regressionstests unter diesem Gesichtspunkt nachzudenken.

Weniger Fehler durch Code Reviews

Wenn Sie nun wissen, welches Ihre Problemmodule sind, dann bietet sich noch eine der effizientesten Möglichkeiten, Fehler zu finden. Leider ist diese Methode auch eine der unbeliebtesten bei den Entwicklern. Woran es auch immer liegen mag, Code Reviews werden immer nur dort eingesetzt, wo sie aus Sicherheitsgründen vorgeschrieben sind.

Code Reviews gehören in den Bereich der Statischen Analyse und es gibt viele Theorien darüber. Ich möchte Sie nicht mit zu viel Theorie belasten, deshalb an dieser Stelle eine sehr vereinfachte Beschreibung frei nach Andreas Willert.

Wenn Sie wieder einmal eine Änderung an einem Ihrer Problemmodule durchgeführt haben, gehen Sie mit dem Source zu einem Kollegen und lassen Sie sich Ihre Änderung revers erklären. Das heißt, Ihr Kollege bekommt nichts weiter als den C Code und analysiert nun, was das Programm macht. Das beschreibt er Ihnen und Sie vergleichen, ob das auch das ist, was Sie mit der Änderung funktional erreichen wollten.

Sie werden sich wundern, wie häufig in wenigen Minuten Fehler gefunden werden. Ein weiterer Vorteil: bei Code Reviews werden Fehler nahezu aller Klassen gefunden, und das mit großer Effizienz.

Code Reviews, lästig aber effizient

Review: Systematische, kritische, dokumentierte Prüfung von
    Entwicklungsergebnissen

Ziel: Fehlerfindung, und zwar möglichst früh

Intensivinspektion (nach Fagan): Moderator, Autor, Leser, evtl. weitere Rollen
    (Kunde, Nutzer, ...)

Arbeitsaufwand (ohne Korrekturaufwand)
    – ohne Struktogramme: ca. 40h je 1000 LOC's
    – mit Struktogrammen: ca. 20h je 1000 LOC's

Fehlerfindungsrate
    – ohne Struktogramme: ca. 8 je 1000 LOC's
    – mit Struktogrammen: ca. 15 je 1000 LOC's

Aber auch hier gilt wieder: Nicht alle Fehler können mit einer Methode gefunden werden, erst die sinnvolle Kombination von mehreren Methoden bringt die Effizienz.

Sie ernähren sich ja auch nicht nur von Äpfeln, auch wenn Sie wissen, dass Äpfel sehr gesund sind.

Drei Sofortmaßnahmen, um die Qualität Ihrer Software um 20% zu erhöhen

Wenn Sie die folgenden drei Maßnahmen für drei Monate konsequent durchführen, werden Sie die Qualität Ihrer Software garantiert wesentlich verbessern. Diese Vorgehensweise ist mit mehreren meiner Kunden durchgeführt und in einigen Fällen gemessen worden. Qualitätsverbesserungen von 20% bei gleichem Testaufwand sind leicht zu erreichen. Lediglich die Einführung der Methoden und Tools kostet Sie einige Tage zusätzlichen Aufwand.

Einige Editoren oder z.B. die neuste Version von EasyCASE(C++) können die Komplexität messen. Wenn Sie Configuration Management einsetzen, können Sie auch die Revision Nummern anstelle der Komplexität benutzen.

Erstens

- *Schaffen Sie sich einen Statischen Analyser an, der Ihren C Source analysier, z.B. PC-Lint*
- *Setzen Sie diesen Analyser konsequent ein*
- *Lassen Sie sich nicht von den vielen Meldungen, die anfangs kommen, frustrieren. Sie werden merken, in wenigen Wochen schrumpft die Anzahl der Meldungen auf ein erträgliches Maß, und nach einigen Monaten programmieren Sie wie heute ohne jeglichen Mehraufwand*

Zweitens

- *Messen Sie die Komplexität Ihrer Software und konzentrieren Sie 50% der Testzeit auf die 20% der Software mit der größten Komplexität*

Drittens

- *Führen Sie für die 20% der Software mit der größten Komplexität Code Reviews ein. Die eingesetzte Zeit sparen Sie beim Dynamischen Test.*

Wie können Sie Veränderungen effizient einführen

Sind Sie bereit sich zu verändern?

Ihr jetziges Leben ist das Ergebnis der Dinge, die Sie bisher getan haben. Wenn Sie ein anderes Leben wollen, müssen Sie Veränderungen vornehmen.

Sich ein besseres Leben zu wünschen funktioniert nicht. Damit sich die „Dinge" verändern, müssen Sie bereit sein, sich zu verändern. Das heisst, aus Ihrem Komfortbereich herauskommen. Das heisst, sich mit Ihren Ängsten auseinander zusetzen. Und das heisst, dass Sie eventuell Ihre Freunde ändern müssen, Ihr Essen, Ihre Kleidung, wo Sie leben, Ihre täglichen Angewohnheiten.

Sie sind unglaublich anpassungsfähig. Nachdem Sie es schon so weit gebracht haben, haben Sie schon grosse Veränderungen in Ihrem Leben hinter sich gebracht. Vom Baby zum Kleinkind zum Jugendlichen zum Erwachsenen – es waren immer Veränderungen. Sie haben gelernt damit umzugehen.

Fast immer ist die Angst vor Veränderung, die Angst vor dem Unbekannten schlimmer als die Veränderung selbst. Sobald Sie dies verstehen, verstehen Sie auch, dass es leichter ist, sich zu verändern als sich Veränderung zu widersetzen.

Es gibt Dinge, die Sie machen müssen, Veränderungen, die Sie machen müssen. Machen Sie sie. Verschwenden Sie Ihre Energie nicht mit Angst vor Ihnen oder Widerstand. Springen Sie voll hinein und machen Sie, was immer auch notwendig sein mag. Veränderungen sind ein ganz normaler Teil des Lebens. Sie geschehen, auch wenn Sie Angst vor ihnen haben, nur dann ausserhalb Ihrer Kontrolle. Wenn Sie Veränderungen bejahen, wird es Ihnen helfen Ihre Ziele zu erreichen.

Dieter Langenecker

Wir alle haben leider viel zu oft erlebt, dass Vorsätze nicht in die Tat umgesetzt wurden. Daraus haben wir gelernt, dass Änderungen sehr schwer umzusetzen sind. Deshalb ist es wichtig, wieder umzulernen. Änderungen sind nicht wirklich schwer umzusetzen, wir muten uns nur zu viel auf einmal zu. Fangen Sie klein an und schaffen Sie sich Erfolgserlebnisse, getreu dem Motto weniger ist mehr.

Dazu noch ein indisches Sprichwort:
Wie isst man einen Elefanten?

Biss für Biss.

Die wichtigste Grundregel für Veränderungen

Haben Sie nun einige neue Anregungen und Ideen in Ihrem Einkaufswagen liegen?

Schön, dann kommt der wichtigste Teil dieses Buches. Wie führen Sie nun diese Ideen und Anregungen in Ihren täglichen Arbeitsablauf ein?

Grundsätzlich gilt folgende Grundregel. Führen Sie Änderungen so schnell wie möglich ein. Wenn Sie diese Buch am Wochenende gelesen haben, dann fangen Sie mit den wichtigsten Änderungen gleich am Montag an. Jeder Tag, den Sie verstreichen lassen verschlechtert die Wahrscheinlichkeit, dass Sie etwas ändern dramatisch.

Nach einer Stunde ist sie noch hoch. Bereits am nächsten Tag ist sie auf 80% gesunken und nach einer Woche ist sie bei 5% gelandet.

Sicher kennen Sie diesen Effekt aus eigener Erfahrung. Alles, was auf die lange Bank geschoben wird, hat nur eine Chance erledigt zu werden, wenn zwei Voraussetzungen gegeben sind. Es ist sehr wichtig, und es tritt von Zeit zu Zeit immer wieder in Ihr Leben.

UND - nehmen Sie sich nicht zu viel auf einmal vor. Eine durchgeführte Veränderung ist besser, als zehn geplante Veränderungen.

Also schauen Sie in Ihren Einkaufswagen, und finden Sie die wichtigsten Anregungen heraus, die Sie in Ihr zukünftiges Leben integrieren möchten. Und gehen Sie ein oder zwei davon schnellst möglich an, am besten noch am selben Tag.

Rituale

Eine einfache Möglichkeit, die bei mir am besten wirkt, ist das Nutzen von Ritualen. Jeder hat in seinem Leben Rituale. Zum Beispiel das morgendliche Duschen oder Zähneputzen. Sie werden mir Recht geben, dass diese Tätigkeiten so in Ihrem Leben untergebracht sind, dass Sie lieber mit ihnen leben als ohne sie, obwohl das nicht immer so war. (Welches Kind putzt sich gerne die Zähne) Für alle Änderungen in Ihrem Leben, die ähnlich wie Rituale behandelt werden können (Z. B. Relax Übungen, eine neue Methode benutzen oder bestimmte Tätigkeiten mit einer ganz gezielten Maßnahme vorbereiten ....) gibt es eine sehr einfache und vielversprechende Möglichkeit, sie erfolgreich einzuführen.

Koppeln Sie die neue Tätigkeit mit einem bereits vorhandenen Ritual.

Ein Beispiel:
Das möchten Sie zukünftig machen:
sich bereits morgens auf Ihren Tagesablauf einstellen und ihn visualisieren.
Das machen Sie bereits jeden Morgen:
im Bett noch gemütlich eine Tasse Kaffee trinken.
Schreiben Sie einfach auf eine Tasse, die Sie ab jetzt jeden Morgen benutzen, mit einem Permanentmarker 'Ta-

gesablauf visualisieren'. Wenn Sie nun morgens im Bett liegen und Ihren Kaffee trinken ist die Wahrscheinlichkeit groß, dass Sie die neue Aufschrift auf der Tasse lesen und daran erinnert werden den Tag zu visualisieren. Wenn Sie das drei Monate praktizieren, können Sie den Schriftzug entfernen. Sie haben ein neues Ritual geschaffen, es ist Ihnen in Fleisch und Blut übergegangen, und Sie wollen nicht mehr ohne leben.

Genau so können Sie es mit vielen Änderungen machen.

1. Suchen Sie sich eine Tätigkeit, die bereits fester Bestandteil in Ihrem Leben ist,

2. schaffen Sie eine Erinnerung an die Änderung,

3. verknüpfen Sie diese Erinnerung mit der Tätigkeit,

4. und nach drei Monaten können Sie nicht mehr ohne.

Das Prinzip der kleinen Schritte

Jetzt haben Sie sich sicher schon häufig Änderungen in Ihrem Leben vorgenommen und doch nicht durchgeführt. Mary LoVerde beschreibt in Ihrem Buch 'Don't scream at the microwave!' eine sehr interessante Strategie. Sie sagt fangen Sie mit Mikro-Aktionen an.

Haben Sie zum Beispiel keine Lust, jeden morgen zu Joggen, aber Ihr Verstand sagt Ihnen, dass Sie es machen sollten, um vital und fit zu bleiben, dann empfiehlt Ihnen Mary LoVerde folgende Vorgehensweise.
Denken Sie eine Woche lang morgens im Bett nur an das Joggen. In der zweiten Woche ziehen Sie sich nur Ihre Laufschuhe an. In der dritten Woche ziehen Sie sich Laufschuhe an und gehen vor die Haustür. In der vierten Wochen laufen Sie zwei Minuten, oder die Straße vor Ihrem Haus 200 m rauf und runter und so weiter.

Wichtig, erhöhen Sie Ihr Ziel immer erst, wenn Sie das vorherige mühelos durchführen. Ist das angestrebte Ziel, jeden Tag mindestens 30 min. zu laufen, dann reicht es vollkommen aus, im vereinbarten Ziel fünf Minuten anzugeben. Das lässt Sie leichter anfangen, und wenn Sie einmal dabei sind, werden Sie merken, dass Sie sich sehr viel leichter dazu entscheiden, nun doch länger zu laufen, und das erzeugt ein positives Gefühl. Ein vorgenommenes Ziel jedoch nicht zu erreichen oder nur unter strenger Selbstdisziplin zu erreichen, erzeugt Frust und Unzufriedenheit.

Aber wichtig, lassen Sie sich immer die Entscheidung offen, auch einmal nur fünf Minuten zu laufen, sonst wird es wieder Zwang und der Effekt verliert seine Wirkung.

Ich habe das Prinzip der kleinen Schritte selber ausprobiert, und bei mir funktioniert es erstaunlich gut. Testen Sie es doch auch einmal, ich bin überzeugt, es lohnt sich.

Die 9 wichtigsten Schritte in eine neue Dimension der Softwareentwicklung

1. Machen Sie regelmäßig Entspannungsübungen und trainieren Sie, schnell in den Alpha Zustand zu kommen.

2. Machen Sie sich und allen Beteiligten bewusst, wie wichtig die Zieldefinition ist. Kommunikation ist die Voraussetzung für eine gründliche Analyse und die daraus resultierende Spezifikation.
   Wenn Sie die Analyse durchführen und die Anforderungen festlegen, kommunizieren Sie mit Ihren Kunden und/oder den Stellvertretern in Ihrer Firma (Vertrieb, Marketing). Hier ist Teamarbeit unter den verschiedenen Abteilungen und Kunden angesagt.
   Verwenden Sie für die Analyse und die Spezifikation überwiegend grafische Mittel, idealer Weise Diagrammtypen, die auf einem Standard basieren, wie UML oder SDL.

3. Machen Sie sich und allen Beteiligten bewusst, wie wichtig das Design für die Lebensdauer, Verstehbarkeit, Änderbarkeit und vor allem für Teamarbeit und Testbarkeit Ihrer Software ist.
   Das Design ist die Statik Ihrer Software für viele Jahre.
   Wählen Sie einen geeigneten Ansatz für die Statik Ihrer Software entsprechend der Komplexität, Entwicklungszeit und Gesamtlebens-

dauer. Je komplexer Ihre Applikation, und je länger die Lebensdauer, desto wichtiger ist hierbei ein Objekt-Orientierter Ansatz.

Fangen Sie nicht eher mit der Codierung an, als das Design vollständig ist. Besprechen Sie auch noch einmal das Design mit Ihren Kunden oder deren Repräsentanten in Ihrer Firma. Wenn Sie am Design arbeiten, sorgen Sie dafür, dass Sie absolut ungestört und im Alpha Zustand sind. Nur dann haben Sie den notwendigen Überblick und sind in der Lage, optimale Schnittstellen zu designen.

4. Codieren Sie Ihr System mit den Mitarbeitern. Jetzt beginnt die Teamarbeit unter den Entwicklern.

   Obwohl zu dieser Projektphase nur wenig in diesem Buch gesagt wird, nimmt sie wahrscheinlich einen großen Anteil an Zeit in Ihrem Projekt ein. Sie sollten sich aber immer darüber bewusst sein, dass das wesentliche Potential für Qualität und Effizienz in den anderen Phasen des Projektes liegen.

5. Testen Sie Ihr System nach der 80/20 Regel. Schaffen Sie sich eine Möglichkeit, die Komplexität der Funktionen zu messen, und konzentrieren Sie den Testaufwand auf die komplexesten Teile der Software.

   Kombinieren Sie verschiedene Testmethoden miteinander. Mindestens Statische Analyse mit z.B. PC-Lint und die üblichen Tests mit herkömmlichen Debuggern.

   Beschreiben Sie für die komplexesten Module Testabläufe auf dem Papier, besser ist noch automatisch ablaufende Tests zu generieren. Das ist eingeschränkt mit einigen Debuggern möglich, in der Regel lohnt es sich jedoch, spezielle Testtools anzuschaffen, wie z.B. Tessy oder Cantata. Sie amortisieren sich schneller als erwartet, besonders, wenn sie Objekt-Orientiert entwickelt haben, und dann sehr aussagekräftige Modultests durchführen können.

6. Entscheiden Sie sich früh genug, veraltete und zu komplex gewordene Module neu zu programmieren, um damit die Entwicklung effizient zu halten.

7. Sorgen Sie dafür, dass Sie sich im Alpha Zustand befinden und nicht gestört werden, wenn Sie an besonders komplexen Modulen oder an Designaufgaben arbeiten.

8. Dieses ist die wichtigste Regel, machen Sie einen kleinen Schritt nach dem anderen. Wir überschätzen regelmäßig, was in kurzen Zeiträumen erreicht werden kann und unterschätzen, was in längeren Zeiträumen erreicht werden kann. Denken Sie immer an das Prinzip der kleinen Schritte, und lassen Sie sich nicht entmutigen.

9. Fangen Sie sofort an! Wenn Sie nicht anfangen, wird sich nichts ändern.
Lassen Sie sich nicht entmutigen. Alle 9 Schritte lassen sich nicht in wenigen Wochen einführen, aber sie werden erstaunt sein, was Sie in 2 Jahren erreicht haben werden wenn Sie am Ball bleiben.

Der Mut, die schwierigen Sachen anzugehen

Das Leben schrumpft oder expandiert im Verhältnis zum eigenen Mut

-- Anaäls Nin

Mut ist nicht die Abwesenheit von Furcht. Vielmehr ist es die Fähigkeit, die Furcht zu spüren und es dennoch zu tun.

Die grössten Erfolge gelingen denen, die den Mut haben, schwierige Aufgaben anzunehmen, Risiken einzugehen, Dingen zu machen, die Andere als zu schwierig empfinden. Jeder kann eine grossartige Idee haben -- es erfordert Mut, diese Idee in die Tat umzusetzen.

F.W.Smith hatte eine grossartige Idee. Und er riskierte sein ganzes Vermögen, um es umzusetzen. Alle sagten ihm, er wäre verrückt - dass seine Idee nie funktionieren würde. In den ersten zwei Jahren verlor seine Firma -zig Millionen. Aber, mit Mut und Hartnäckigkeit, setzte er seine Idee um.

Seine Idee, und seine Firma, Federal Express, haben die Art, wie wir heute internationale Geschäfte tätigen, verändert. 1983 wurde Federal Express die Firma, die in der kürzesten Zeit die 1 Milliarden Umsatz Grenze überschritten hat. Und sie wurde zur grössten Express Transport Unternehmung der Welt.

Heute liefert Federal Express 2.4 Millionen Päckchen und Pakete jeden Tag, in 210 Ländern und Staaten, und FW Smith lebt auch ganz gut. Seine Mut, seiner Vision zu folgen, hat dies ermöglicht und für viele Menschen und Unternehmen etwas von Wert erschaffen.

Dieter Langenecker

Anhang

Tipps und Hinweise, für weitere Informationen

An dieser Stelle beziehe ich mich auch auf das Internet. Dieses Buch ist im Vergleich zum Internet statisch. Verweise auf den dynamischen Bereich Internet sind daher schnell veraltet.

Ich habe mich trotzdem dazu entschlossen, einige interessante Links anzugeben, auch auf die Gefahr hin, dass manche von ihnen nicht mehr stimmen, wenn sie dieses Buch lesen.

Einstieg in UML

Wenn Sie die ersten Schritte mit UML machen wollen, gibt es ein Freeware UML Tool, 'Argouml'. Derzeit werden nur die UseCase und Klassen Diagramme unterstützt. Aber es eignet sich gut für Spezifikation und Analyse.
http://argouml.tigris.org

Wenn Sie die verschiedenen Diagrammarten kennenlernen möchten, gibt es basierend auf dem Tool OTW einige Tutorials zur Erstellung von UML Diagrammen. Diese können von folgender Webpage geladen werden.
http://www.otwsoftware.com/english/help/online.shtml

Auf der Hompage von I-Logix kann eine kostenlose Version des CASE Tools Rhapsody angefordert werden, die keinen Code generieren kann. Für die Analyse ist der Tool aber hervorragend geeignet.
http://www.ilogix.com

Einstieg in SDL

Eine englische Einführung in die Spezifikationssprache SDL finden Sie unter folgender Adresse.
www.sdl-forum.org/sdl88tutorial/index.html

Ein Tutorial über Message Sequence Charts MSC finden sie unter
www.win.tue.nl/~sjouke/tutorial.html

Gehirn-Gerechtes Arbeiten und Kommunikation

Zum Thema gehirngerechtes Arbeiten und Kommunikation sind grundsätzlich die Bücher von Vera F. Birkenbihl zu empfehlen. Frau Birkenbihl leitet das Institut für gehirngerechtes Arbeiten und hat auch einen monatlichen Beratungs- und Trainingsservice zu diesem Thema, den sogenannten Birkenbihl-Brief. Er kann einfach abonniert werden, mehr dazu finden Sie unter folgendem Link.
www.birkenbihlbrief.de
Es entsteht gerade eine neue Page, versuchen Sie es einfach hin und wieder ....
www.birkenbihl-insider.de

Gehirngerechte Entwürfe mit Mindmap

Minde Maps sind ein hervorragendes Hilfsmittel, um die ersten Gedanken festzuhalten. Immer, wenn Sie eine neue Sache angehen, die Ihnen noch nicht so bewusst ist, können Sie Ihre Gedanken mit Mind Maps festhalten und strukturieren. Mehr dazu finden Sie auf folgender Page.
http://www.mindmap.ch/
oder www.mindmap.de

VISIO

Übrigens, das MS Tool VISIO 2000 unterstützt die Spra-che UML und auch das Zeichnen von Mind Maps. Ich persönlich bin nicht so begeistert von der Unterstützung der Mind Maps, aber für die Analyse und das Design von Software mit UML ist es gut geeignet, und im Vergleich zu den verfügbaren CASE Tools preiswert.

Alle Zitate von Dieter Langenecker

kommen aus der eMail Ausgabe ‚Das Tägliche Motivati-onszitat' © Ralph Marston 1997 - 2000, mit Exklusiv-recht für die deutsche Übersetzung und den Vertrieb für Dieter Langenecker Management Mentoring.

Wenn Sie ‚Das Tägliche Motivationszitat' beziehen wol-len, besuchen Sie Dieter Langenecker im Internet unter http://www.motivationszitate.com oder senden ein E-mail an info@motivationszitate.com

Fachbegriffe für UML Deutsch und Englisch

Aktuelle Version: **http://www.system-bauhaus.de/uml**

englisch	deutsch
action	Aktion
activity	Aktivität
activity diagram	Aktivitätsdiagramm
actor	Akteur
aggregation	Aggregation, Teile/Ganzes-Beziehung
association	Assoziation (ungerichtet)
association class	Assoziationsklasse
association role	Assoziationsrolle
attribute	Attribut
behavior diagram	Verhaltensdiagramm
bound element	gebundenes Element
cardinality	Kardinalität
class	Klasse
class diagram	Klassendiagramm
collaboration diagram	Kollaborationsdiagramm
component	Komponente
component diagram	Komponentendiagramm
composition	Komposition
constraint	Einschränkung
CRC-Card	CRC-Karte, Klassenkarte
decision	Entscheidung
dependency	Abhängigkeit
deployment diagram	Verteilungsdiagramm
discriminator	Diskriminator, Unterscheidungsmerkmal
event	Ereignis

focus of control	Steuerungsfokus
generalization	Generalisierung
instance	Exemplar
interaction diagram	Interaktionsdiagramm
interface	Schnittstelle
lifeline	Lebenslinie
link	Objektbeziehung
message	Nachricht
method	Methode
multiplicity	Multiplizität
navigability	Navigierbarkeit
node	Knoten
note	Notiz, Anmerkung
object	Objekt
object diagram	Objektdiagramm
operation	Operation
package	Paket
parameterized class	parametrisierte Klasse
pattern	Muster
problem domain	Problembereich
property	Eigenschaft
property string	Eigenschaftswert
refinement	Verfeinerung
relationship	Beziehung
scenario	Szenario
sequence diagram	Sequenzdiagramm
state	Zustand
statechart diagram	Zustandsdiagramm
stereotype	(der) Stereotyp
subclass	Unterklasse
superclass	Oberklasse
swimlane	Verantwortlichkeitsbereich, Schwimmbahn
transition	Transition, Übergang
template class	Template-Klasse, parametrisierbare Klasse

type	Typ
UML	(die) UML
Unified Modeling Language	Unified Modeling Language
use case	Use-Case, Anwendungsfall
use case diagram	Use-Case-Diagramm, Anwendungsfalldiagramm
bidirectional association	bidirektionale Assoziation
unidirectional association	gerichtete Assoziation

Literaturhinweise:

Wien wartet auf Dich
> *Der Faktor Mensch im DV-Management*
> *Tom DeMarco, Timothy Lister*

Der Termin
> *Ein Roman über Projektmanagement*
> *Tom DeMarco*

Objektorientierte Softwareentwicklung
> *Analyse und Design mit der Unified Modeling Language*
> *Bernd Oestereich*

Jetzt lerne ich UML
> *Joseph Schmuller*

Kinesiologie
> *Aus dem Stress in die Balance*
> *Matthias Lesch, Gabriele Förder*

Das grosse Brain-Fitness-Buch
> *Programm für mehr Kreativität und Denkvermögen*
> *Ursula Oppolzer*

10 starke Tipps bei Stress
> *Sharon Promislow*

BRAIN-GYM fürs Büro
> *Gail E. Dennison*
> *Paul E. Dennison*
> *Jerry V. Teplitz*

Best of Birkenbihl
> *Vera F. Birkenbihl*

Das Birkenbihl ALPHA-Buch
> *Vera F. Birkenbihl*

Das „neue" Stroh im Kopf
> *Vom Gehirn-Besitzer zum Gehirn-Benutzer*
> *Vera F. Birkenbihl*

Forever young
> *Das Erfolgsprogramm*
> *Dr. med. Ulrich Strunz*

Birkenbihl-Brief
> *Erfolg und Lebensqualität*
> *Vera F. Birkenbihl*

Don't scream at the microwave
> *Marry LoVerde*

SILVA Mind Control, Die universelle Methode zur Steigerung der Kreativität und Leistungsfähigkeit des Menschlichen Geistes
> *José Silva / Philip Miele*

Index

20/80 Regel 25
80/20 Regel 78, 89
Abhängigkeiten 27
Ablauf 69
ablauforientiert 52
Ablaufproblematik in Echtzeit 52
Abstraktionsgrad 27
Adrenalin 60
Alpha Zustand 59, 64, 88, 89, 90
ALPHA-Buch 99
Altlasten 11
Analyse 88
Analyser 75, 77
Änderbarkeit 21, 46, 88
ändern 46, 48
Änderung 80
Änderungen 12, 21, 34, 37, 79, 84, 85
Änderungswünsche 28
Anforderung 37
Anforderungen 26, 28
Anker 64
ANSI C 74
Anwendungsfälle 30
Applikation 69, 72, 89
Applikationen 41
Arbeitsablauf 84
Arbeitsaufwand 47
Arbeitsbedingungen 16
Arbeitsumfeld 22, 59
Architekt 40
Argouml 92

Assoziationen 8
Attribute 32
Aufteilung 50
Aufteilung der Applikation 33
Auftraggeber 30
Aufwachen 65
Aufwand 21, 78
Ausatmen 64
Auswirkungen 47, 68
Auswirkungen von Stress 60
automatischer Testablauf 79
Basiskonzept 13, 14
beherrschbar 42
Bereiche 14
Beschreibung 37
Beschreibungssprache 27
Birkenbihl, Vera F. 8, 12, 93, 99
Birkenbihl-Brief 93
Brain Fitness 62
Brain-Fitness-Buch 98
Büro 61
C 41, 54, 74
C Code 80
C Energien 14
C Programmierung 76
C++ 52
CAN 37
CASE Tools 30
C-Code 75
Change-Request 25

Code Review 82
Code Reviews 80
Code Sequenzen 75
Codegenerierung 75
Codierung 55, 68, 71, 79, 89
Compiler 74
Configuration Management 79
Cortisol 60
Datenfluss 50
datenflussorientiert 56
Datenzugriffe 51
Debugger 89
Debugging 72
defense programming 74, 75, 78
DeMarco 16, 58
Der Termin 98
Design 47, 56, 68, 74, 88, 89
Detaillösungen 34
Diagramm 37
Diagramme 31
Diskussionen 32
Dr. med. Ulrich Strunz 99
Dynamischer Test 79
Echtzeit- Betriebssystems 68
Echtzeitsystemen 52
effizient 59
effiziente und reibungslose Programmierung 46
Effizienz 21, 72, 81
Effizienz eines Teams 28
Effizienz, 10fache 63
einatmen 64

Einkaufswagen 84
Einschlafen 65
Embeddd Projekt 74
Embedded Compiler 75
Embedded Control 52
Emulatoren 43
Endanwender 30
Energie 11, 12, 14
Energie Modell 14
Engineeringmethoden 46
Entscheidung 46
Entspannung 62
Entspannungsübungen 88
Entwickler 50
Entwicklungsperioden 21
Entwicklungszeit 88
Entwicklungszeiten 43
Erfahrung 31
Erfahrungen 18
erfolgreich einzuführen 85
erfolgreich umgesetzt 16
Erholungsphasen 60
Erweiterbarkeit 21, 46
Erweiterung 48
Event 69
Fachbegriffe 95
fehlendes Verständnis 37
Fehler 47, 72, 73, 77, 78, 80, 81
Fehlerbehandlung Software 69
Fehlerbeseitigung 71
Fehlerhäufigkeit 80
Fehlerklassen 73
Fehlerrate 79
Fehlplanung 25
Fluktuation 50

Forever young 99
Funktionalität 31, 50
Funktionen 32, 69, 79
Funktionsaufruf 54
Funktionseinheit 69
Funktionseinheiten 50, 54
Gehirn 8
geniales Design 46, 56
Genialität 62
geplanten Applikation 31
Geschichte 39
gleichbleibende   Qualität
    48
globalen Daten 52, 54
grafisch 47
Grundregel 37, 84
Grundstein 48
Grundsteinlegung 21
Hardware 44, 46
Hardwaregrenzen 43
Hintergrundebene 41
hochkonzentriert 64
Hormone 60
Hund 39
Informationen 92
Ingenieur 50
Integrationsphasen 48
Internet 92
Interrupt 42
Kapselung 50, 54, 56, 68
Kindheit 64
Kinesiologie 98
KIS 18
Klassen Diagramme 92
Klassendiagrammen 27
Kombination 81
Kommunikation   22, 27,
    30, 47

Kommunikation Software
    68
komplexe Systeme 30
Komplexität   48, 53, 56,
    78, 82, 88
Komplexitäten 36
Komplikationen 49
Komponente 32
Komponenten 27, 49
Konzentration 60, 80
Konzentrieren 65
Konzepte 11, 18
Korruptionen 42
Kreativität 60, 62
kritisch 69
Kunden 27, 79, 89
Langenecker, Dieter 94
laufen 87
Lebensdauer 21, 88
Lebenszeit 48
Lösung 37
LoVerde 86
Main-Schleife 41
Management 43
Manpower 11, 28
Marketing 27
Mass von McCabe 79
Maßnahmenkatalog 18
Merkfähigkeit 8
Message 69
Message Sequenz Charts
    56
Messages 68
Methode 12, 22, 37, 80
Methoden 11, 30, 73, 81
Mikrocontroller 68
Minde Maps 93
Mindmap 93

MISRA 75
Mitarbeiter 22, 49
Mitarbeitern 50, 89
Mittagspause 61
modulare
    Programmierung 48
Module 79
Modultests 90
Motivation 22
Motivationszitat 94
MSC 56
Nachricht 69
Nachrichten 68
neu entwickelt 43
Neuentwicklung 22, 46
neues Projekt 21
Neuprogrammierung 21
'nice to have Tools' 11
Nutzen 80
Objekte 49
Objekt-Orientiert 90
Objekt-Orientierten-
    Programmierung 50,
    52
Objekt-Orientierter Ansatz
    89
OOP 52, 54, 55
Parameterübergabe 54
PC Lint 78, 89
PC-Lint 89
Pflichtenhefte 26
Pläne 40
Plum & Hall 74
Prinzip der kleinen
    Schritte 86, 87, 90
Priorität 51, 54
Prioritäten 11, 68, 69
Problemmodule 80

Produkt 26
Produktspezifikation 25,
    30
Produktzyklen 11
Programm 68
Programmierer 58
Programmierstil 75
Projekt 11, 46, 50, 89
Projekten 50
Projektleiter 50
Projektleitern 46
Projektphasen 25
Prototypen 33
Prozess 69
Qualität 21, 72, 74, 78
Qualitätsverlusten 47
Real Time Operating
    System 68
Realisierung 34
Realisierung' 25
Re-Design 43
Regeln 18
Regression Tests 79
Regressionstest 80
Reibungsverluste in Teams
    29
Reptiliengehirn 60
Ressourcen 44
Restfehlerrate 73
Revision 79
Rituale 85
RTOS 68
Scheduler 68
Schnittstellen 33, 50, 52,
    54, 56, 68
Schwachstellen 26
SDL 27, 47, 88, 93
Selbstdisziplin 87

Semaphore 42, 68
Seminare 12, 14
Service 30
Shared Memory 41, 68
Sharon Promislow 98
Sofortmaßnahmen 82
Software 46
Software Design 41, 50
Software Engineering 69
Software Erstellung 71
Software Module 50
Software-Altlasten 21
Softwaredesign 38
Softwarelebenszeit 21
Softwarestruktur 45
Spezifikation 25, 26, 88
Spezifikationen 33
Sprachsyntax 32
Standardsoftware 72
statechart diagram 27
Statik 41
Statische Analyse 79, 89
Statische Analyser 75, 78
Statischen Analysern 75
Statischer Analyser 82
Störung 59
Stress 22, 60
Stress abbauen 64
Stressbelastung 59
Stresslevel 60
Stressoren 64
Stresspegel 60, 61, 63
Stress-Reflex 64
Stressreize 60
Stressvermeidung 16
Strunz, Dr. med. Ulrich 99
Supermarkt 18
Superprogrammierer 58

Synchronisation 54, 55
Systembeschreibungen 33
Systemebene 34
Systemenentwurfs 30
Tagesablauf 85
Task 69
Tätigkeit 61, 85, 86
Teamarbeit 28, 88
Teambeteiligten 47
Teamqualität 29
Teams 32, 48
Teilnehmern 18
Telefon 61
Terminplan-System 61
Test 71
Testabläufe 89
Testaufwand 72, 79, 89
testen 53
Testen 89
Testzeit 82
Testzeiten 43
Tipps 92
Tochter 39
Tom DeMarco 98
Tools 22, 37
Trainieren 64
Umfeld am Arbeitsplatz
   59
UML 27, 30, 47, 88, 92, 95
Umleitung 47
Umleitungen 37
umsetzen 19
Umwege 26
ungestört 64
Unklarheiten 37
Unstimmigkeiten 31
Unzufriedenheit 87
Ursula Oppolzer 98

USA 58
UseCase 92
Variablen 43
Vera F. Birkenbihl 93, 99
Veränderungen 12, 84
Verriegelungsmechanisme n 42
Verständnislücken 36
Verstehbarkeit 88
Vertrieb 27, 48
Voraussetzungen 27
Voraussetzungen für Veränderungen 14
Vordergrundebene 41
Vorfahren 61
Vorgehensweise 14, 44

wachsen 48
Wachstum von Komplexität 52
Wartbarkeit 21, 46
Wegschmeissen 44
Werkzeuge 63
Wien wartet auf Dich 98
Zeit 50
Zeitaufwand 71
Ziel 87
Zieldefinition 25, 88
Zielvorstellung 26
Zivilisation 64
Zusammenhänge 47, 48
Zustandsdiagramm 27
Zwang 87